福爾摩沙 情書

一封你從未收過　最深情厚意的情書

愛

Love Story from Formosa

歷史站在愛的這邊

世間的愛情，沒有一樁不是千瘡百孔，這是張愛玲的說法。但她不知道的是，真正的千瘡百孔才是台灣歷史。台灣是千古傷心地，是遺民與棄民的傷心地。使台灣能夠在傷痛中終於站起來，無疑是歷史廢墟背後有無數看不見的愛情在支撐。

愛情並不需要確切的理由，當它必須發生時，就自然發生，感情的力量襲來時，不是任何高牆鐵窗可以抵禦的。跨越種族，性別、階級的藩籬，愛情撫慰了每個不同歷史階段的傷口。在沒有文字記載的時代，這座海島就已銘刻了無需語言詮釋的愛。在河畔、在山陰、在天幕下，凡有原住民的足印，就有愛的踪跡。

較諸戰爭、掠奪、欺罔的歷史事件，愛情似乎不被記錄在官方檔案裡。坊間史家所關懷的，大約不出殖民歷史或移民史的大敘述。對於歷史縫隙中流動的愛情，顯然史家是不感興趣的。他們無法洞察歷史結構的深層，有多少愛情擘造了這座海島的牢固基礎。

在獵殺、侵略、爭奪、械鬥的歷史過程中，有許多動人的情愛，默默編織著千絲萬縷的連帶感。天涯海外的漂泊，離鄉背井的流亡，都在這塊小小的島得到歸宿。異姓、異省、異族的放逐者，因為愛情而決定在海島落地生根，並且決定把自己與後代稱為台灣人。正是他們的愛，貫通台灣歷史的血脈。

我閱讀台灣史，是相當遲晚的事。在教育體制中，最初我被引導去認識的歷史，往往是屬於帝王、英雄、國家、戰爭的偉大記憶。在那樣的歷史知識裡，我體會不出真正的情感。那是冰涼、冷酷、絕情的歷史記憶，雖然我不斷被告知愛國愛民的口號。我對歷史發生感覺，必須等到真正接觸台灣歷史的時候。微近中年之際，我終於能夠透視中國歷史教育的虛構與欺罔。

　　親自去翻閱台灣的史料，我才深深體會到許多家族的傷痛。然而，我關心的不是太平洋戰爭或二二八事件的殺戮場景。在驚心動魄的歷史舞台背後，我才體悟是怎樣的力量使台灣歷史從幽暗中走出來

　　我樂於閱讀《福爾摩沙・愛情書》，因為我樂於接受有血有肉的歷史。每份愛情可能都過於細微而枝節，但相對於戰爭、事件、條約之類的大敘述，使我感受得尤為具體而真實。在國家與個人之間，在戰爭與和平之間，台灣歷史選擇站在愛的這邊。

—— 國立政治大學台灣文學研究所　所長　陳芳明

2005-6-20 台北

4

愛情宣言

　　七、八十歲的曾祖父母，從未見過面就被送作堆。五、六十歲的阿公阿嬤，幸福掌握在媒人婆的一張嘴。三、四十歲的叔叔阿姨，躲在被窩裡品味瓊瑤的狂情烈愛。十幾二十歲的年輕人，在虛擬的網路空間裡尋覓真愛⋯⋯。

　　愛情，在相愛的戀人之間燃燒蔓延，隨著生命的高潮起伏，嚐盡其中的苦辣酸甜。小時候，聽長輩們訴說著他們的青春戀情，總讓人的思緒也跟著跌進那段泛黃的記憶裡。你可曾想像遠古時代的老祖先，如何尋找他們的另一半呢？在動盪不安的戰火下，浮生男女該如何談情說愛？浪漫的文學作家，真實生活是否也像作品裡那般熱情激昂？

　　愛如飲水，冷暖自知，千百年來我們所居住的島嶼，已烙印下許多刻骨銘心的愛情足跡。本書的編著陳昭如，以細膩、感性的筆觸，娓娓傾訴一段段的塵煙情事，再加上編輯群歷經困難的採訪匯整，費時年餘，柿子文化終以暗戀、初戀、熱戀、廝守的愛情四部曲，對應歷史的更迭，完成了堪稱台灣第一部的愛情史—《福爾摩沙・愛情書》。藉由本書的誕生，許多被時空淡忘了的人事物，又重新在人間顯像。

　　我們有幸與部分書中人物或其後代面對面的訪談，也感謝他們的善意回應。記得第一次的採訪，是高齡九十四歲的社會主義運動者—許月里女士。打開鎖在

鐵盒裡的古早照片，我們看見她貌美似花的年輕模樣，談起參與社會運動曾遭受過的苦難，她不時激動、眼眶泛淚；而談起她的三段婚姻，則是苦澀甜美、五味雜陳，雙頰不意中還會浮上一陣紅潤。又一次，台灣第一才子—呂赫若的次子呂芳雄先生，帶來當年偷藏的珍貴照片，談起生命中缺席的父親，他說呂赫若其實非常疼愛子女，而母親對父親只有遺憾而沒有恨。經由他的引見，我們也拜訪了蘇玉蘭的女兒朱麗玉女士，從小被領養的她，年長之後才得知父親的身分。聽鄰居說呂赫若經常抱著她在門口散步，對她疼愛有加。她的一雙眼睛和好歌喉，應就是來自父親的遺傳吧！

　　在這個情感如風般，快速而虛幻的世代，淡淡甜蜜、深深情意、生死相守甚至怨嘆離異的愛情故事，並未隨著流行退去，她依然讓世間人著魔與沉迷，只要你願意將心交給另一個人。感謝熱心提供資料、照片及接受採訪的人士：如文學家朱天文小姐、鍾鐵民先生、鹿港丁禎祥先生、牛糞紀念館陳李桃女士、革命志士林至潔老師、阮朝日之女阮美姝老師、綠島百合的姐妹們……等。在此獻上我們最高的敬意及衷心感謝。然而百密總有一疏，本書仍有遍尋不著的人事物與難以查證的圖文資料，此中若有任何缺失，尚期相關人士能予以海涵並不吝指正，讓本書能更臻完善。

　　生活在台灣這座島嶼上的人們，皆有著豐富的感情面貌與相異的生命風光。準備好了嗎？隨著那一抹粉嫩微笑，今天，我想帶你遊走一趟愛戀之旅，飲盡感人的滋味。

目錄

暗戀 福爾摩沙

初戀 黑潮時代

熱戀 太陽旗下

廝守 滄海之島

婚姻禮俗

暗戀 福爾摩沙

彼時

這裡仍是個與世隔絕的天地

透明清澈的河水與迤邐綿延的山脈

只屬於散居在島嶼上的先民男女

他們恣意地揮霍青春、享受歡愛

不知歲月、沒有愁緒

直到十七世紀

船堅砲利的西方人闖進這裡

改變了島嶼，也改變了男女……

十三行一女子

八里個孤魂哪　恁甘知影無　千年前安身個所在……
身無依　魂無靠　全憑這塊荒廢地……

—— 佚名〈八里・十三行〉

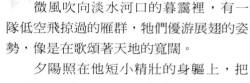

微風吹向淡水河口的暮靄裡，有一隊低空飛掠過的雁群，牠們優游展翅的姿勢，像是在歌頌著天地的寬闊。

夕陽照在他短小精壯的身軀上，把地上的影子拉得很長。他身上揹著在山林裡獵到的野鹿，手上則握著一只用布包起來的玻璃手鐲，興沖沖地踏著暮色往回家的路上走去。玻璃手鐲是他在河口與彼岸的漁民用幾張鹿皮交換來的。他打算要給妻子一個意外的驚喜。

打從妻子遠自外地嫁到這個河岸邊的小村落以來，一直是個盡職的主婦。每天早上，她會在離家不遠的田裡耕作，如果時間許可的話，還會帶著幾個孩子，一起在淺淺的湛藍海水裡用腳採探貝殼，再小心翼翼地捧回家作午餐。到了傍晚，兒女們在附近嬉鬧追逐，她則在一家老小居住的高腳屋外空地上，架起裝飾著粗繩花紋的陶器開始生火煮飯，靜靜地等待丈夫從外面平安回來，一家人共享天倫之樂。

一個人狩獵捕魚，一個人耕田煮

史前先民過著平靜悠然的生活。

依山傍水的八里，孕育出千年的十三行文化。

飯，他們的婚姻生活似乎少了點浪漫的情調。他承認自己並不熟悉羅曼蒂克的情話綿綿，更不曾許下堅貞不移的山盟海誓，因為他認為，屬於他們兩人的愛情語言，

可能是表現在日常生活的每一刻，表現在勞動時淌在山林田野裡的每一滴汗水，表現在奔波操勞時共同迎接的每一道晨光……暮靄沉沉的此刻，他回想起當時正值青春斐燦的妻子，寬大的衣服裡猶包裹著少女纖細的身軀，匆匆幾個年頭過去，如今已成了健壯而成熟的婦女，心情不禁溫柔了起來。看著手裡的那只玻璃手鐲，他心想，若是妻子看到了這只手鐲，應該會明瞭他對她的深情與厚意吧！

日落霞光裡，他看到了妻子正蹲在屋外烹煮晚餐的熟悉背影，不由得加快了腳步，往家的方向奔去……。

妳來自何方？

1991年，考古學家在北台灣淡水河口左岸的八里海濱──一千八百年前平埔族凱達格蘭人的十三行文化遺址進行挖掘時，發現了大約有200座墓葬，古唐宋錢幣、玻璃手鐲、琉璃珠、瓷器等外地來的陪葬品。在眾多出土的墓葬之中，乍然出現了一具俯身葬的女性。由於遺址的墓葬多半是側身屈肢葬，因此這具俯身葬的女性骸骨，是一項很特別的發現。

每件出土的遺物，都像是拼圖遊戲的片段，暗示了前所未知的歷史。尤其是考古學家從埋葬方式等線索，猜測這名女子可能是通婚而來到十三行的外族婦女，更讓人對她的身分與生前種種，都充滿了好奇與想像。

回溯這名十三行女子生長的年代，時值中國的魏晉、隋唐至宋末，然而古籍文獻中與此同時有關台灣的記載，卻有如鳳毛鱗角，更遑論想找到整個民族已然消失、又缺乏文字記載的凱達格蘭人的資料。因此，我們只能就非常有限的出土文物，拼湊出當時他們的生活圖像：

居住在距離觀音山與淡水河很近的凱達格蘭人，不論是上山打獵或是下海捕魚都很方便。當時觀音山麓有許多山豬、野鹿及環頸雉等動物，是個天然的好獵場，凱達格蘭人會用自己做的鐵槍、鐵刀和弓箭等工具來捕捉野生動物，或是乘著簡單的竹筏及獨木舟出海，用魚槍、魚網在近海捕魚。

依山傍水的自然環境，固然讓食物不虞匱乏，然而濕熱多雨的氣候，卻是必須克服的問題。因此，凱達格蘭人用木頭把房子架高成高腳屋，出入靠著架設在屋內與地面間的梯子作為聯繫。這種「干欄式建築」的高腳屋，除了能夠防止住屋過於潮濕，還可以避免野獸的侵襲。不用出外打獵捕魚的女性，平時活動範圍不會離住屋太遠，她們在附近的田裡種稻、就著水井打水，並在火塘邊生火煮飯，還會利用簡單的紡錘、木棍與麻搓製出布匹，為一家老小縫製衣服。

與十三行僅有一水之隔的漢人漁

先民時期的漢人乘船來到八里，用土珠、瑪瑙、手鐲與凱達格蘭人換取沙金、硫磺等物品。

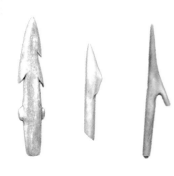

↑ 靠山吃山、靠海吃海是先民們的生存模式。

民，會不時乘船來這裡進行交易。漢人用土珠、瑪瑙、金子、瓷器、玻璃製品與錢幣，以換取凱達格蘭人的黃豆、沙金、硫黃、黍子與鹿皮。由此可見，早在一千多年以前，漢、原兩個不同的民族，早已有了文化與商業的來往與交流。

靠著有限的史料與大膽的假設，我們對凱達格蘭人生活或許已有了梗概的認識。然而對於那具神秘的女性骸骨，我們仍舊充滿了疑問。如果有什麼魔法，可以喚醒這具沉睡在地底千年的十三行女子，我們真想問她：

妳是誰？是從哪裡來的？是來自彼岸的中國大陸？還是南方的熱帶島嶼？妳為什麼會大老遠嫁到十三行來？是因為追逐愛情？還是媒妁之言？妳的伴侶是否曾經發動猛烈的求愛攻勢？他是否是妳此生唯一的戀人？

台灣的史前考古，宛若安靜神秘的十三行女子，始終沉默不語，縹緲難測。對於十三行人的生活，雖然我們仍舊無法具體詳盡地描繪出來，然而因為一具來自外族女性骸骨所揭露的史前愛情故事，卻讓人充滿了遐想……。

誰是凱達格蘭人？

大約在二、三千年前左右，台灣西部沿海的平原，已有若干不同文化、不同語言、不同部落的人群居住。他們多半都住在平地上，清代漢人稱他們為「平埔族」，以有別於住在山區的高山系先住民。凱達格蘭人，就是屬於平埔族的一支。

凱達格蘭人主要分布在台北盆地，涵蓋了臺灣北部的基隆、淡水、台北、和桃園等地。相傳凱達格蘭人原來住在中國大陸，人口約有數萬人。有一天，一隻突如其來的大怪蛇吃掉了所有族人，只剩下一對兄妹存活下來。他們結為夫婦，生下許多子嗣，爾後這群兄妹的後代遇到大洪水，家園全都被淹沒，便集體渡海來到台灣北部上岸，從此定居了下來。

根據1896年日本人類學家伊能嘉矩在淡水北部的調查，大台北地區的凱達格蘭族，在語言和習俗上非常漢化，傳統的風俗已不復見。不過伊能嘉矩從部落長老的口中得知，他們的先祖非常重視占卜，像是在入山狩獵時，假如遇到了鳥獸在隊伍前橫飛或橫行，就是一種凶兆，要立刻停止繼續狩獵；若是男子在成家之前，夢到了吉兆或凶兆，則代表了祖靈是否同意他結婚。

有關凱達格蘭人的文獻資料極少，再加上他們在融入漢民族的過程中，傳統族群特色亦逐漸消失，因此，只能從考古遺址出土的遺骸與文物，以及他們的傳說與習俗中去推測。

浪漫平埔族

我想你，愛你，誠心對待你，你如何愛我？
我今天回家，可否將何物贈我？

—— 洪雅族，打貓社〈番童夜遊歌〉

　　神秘十三行女子的生活世界，仍猶是個混沌未開的世外桃源。那時位於東亞大海上的台灣，既沒有強而有力的政治主體，更沒有帝國王朝的保護，只有為數不多的先住民各自散居在島上。他們主要以漁獵為生，可能偶爾也會與來自中國的漢人們交換物品，過著自給自足的日子。他們，就是後來被我們稱之為「平埔族」的台灣先住民。

自由戀愛始祖

　　對於這群台灣島上最早的住民，後世的了解並不多。清代曾銜命來台採硫磺的郁永河，在《裨海紀遊》裡形容平埔族人說：「平地近番，冬夏一布，粗糲一飽，不識不知，無求無欲，自遊於葛天，無懷之世，有擊壤鼓腹之遺風。」可見衣食生活不虞匱乏的平埔族，生活應該是過得相當逍遙自在。這種逍遙自在的心情，似乎也反映在他們的愛情上，因為早在數千年前的平埔社

會，就已經提倡自由戀愛了。多少動人的詩篇、多少感人肺腑的故事，都曾經在這片土地上孕育過、釀造過。但無論這些故事是何等燦爛，已然成了過去，而這段鮮為人知的「史前愛情史」，今天我們只能從斷簡殘編的有限的文獻裡，試圖還原出當時的景象：

　　平埔男女婚前的交往，是非常自由

▼ 早期平埔族人，散居在島上，過著自在的生活。

沒有媒妁之言，更沒有門當戶對，平埔男女享受著自由的愛情。

平埔女子十五歲便離開家人，一個人在外面獨居，以等待有心人的追求。

開放的。他們既沒有媒妁之言的約定，更沒有門當戶對的觀念，只要郎有情、妹有意，便可以恣意地揮霍青春，盡情地享受歡愛。平埔女孩無寧是幸運的，她們憑著漂亮的臉龐與青春的魅力取悅男人，也取悅自己；她們從屢試不爽的感覺中得到自信，讓男人為她們意亂情迷，至於雙方是否要交往下去的決定權，完全是操之在女性手上！

多屬母系社會的平埔族，女性擁有相當大的自主權。她們在十五歲左右便離開家人，一個人在外面獨居，以等待

有心人的追求。如果未婚男子（稱之為「麻達」）愛上了女子，會用兩顆瑪瑙珠子試探女子的意願，若女子接受了情意，男方會在晚上跑到女子的屋外，用口琴、鼻簫吹奏情歌或是用送鮮花的攻勢，繼續挑逗。這時女子會主動將心儀的男子拉進房內，成為當晚的入幕之賓。不過在天色未亮前，男子便得悄悄離去，靜靜地等待她下一次的垂青。清康熙年間台灣御史黃叔璥在《臺海使槎錄》的〈番俗六考〉裡說：「女及筓構屋獨居，番童有意者彈嘴琴逗之。……意合，女出而招之同居。」；清乾隆年間彰化教諭董天工的《臺海見聞錄》則言：「番婚嫁曰『麻里氏冰』，及筓居小寮，任自擇配。麻達夜以口琴、鼻簫挑之，意脫野合。」可見他們對婚前性行為的態度，非常開放。

不過經過了一夜激情，並不代表女子就得「非卿莫嫁」了！因為獨立自主的平埔女性，並無父權社會的貞操觀念。她們在婚前可以盡情地挑選中意的男子，放膽地享受交歡快意，不必有固定的對象。郁永河在《裨海紀遊》裡形容平埔族「女已長，父母共居別室中，少年求偶者皆來，……得女子和之，即入與亂，亂畢即自去」、「番女與鄰兒私通，得以自擇所愛。」從郁永河以「亂」、「私通」等字眼來形容，可見他對這種開放式的愛情，相當不以為然。《諸羅縣志》也曾提到：

「女將及井，父母任其婆娑無拘束；番雛雜還相要，彈嘴琴挑之，唯意所適」。也就是說，平埔女性開放的性關係，是得到父母默許的。

門牙代表我的心

平埔族不寫情書，也不交換戒指作為信物，唯一見證兩人愛情的象徵，就是鑿齒。熱戀中的男女會鑿去自己的兩顆門牙，作為認定感情的方式。《裨海紀遊》對鑿齒有以下描述：「若夫平地近番：女擇其所愛者，乃與挽手，挽手者以明私許之意也。明日，女告其父母，召挽手少年至，鑿上齶門牙旁二齒授女，女亦槃二齒付男，期某日就婦室婚。」；《噶瑪蘭志略》也記載：「三日內以利刀敲取婿門牙一枚，送於婦家。」、「三日後夫婦各敲落一牙，彼此易之。」不過在鑿齒之後，雙方等於是進入了誓守終生的階段，從此男子不可再追求其他女子，女子也禁止與其它男子調情，不能再三心二意了。

妻為一家之主

「重生女。贅婿於家，不附其父。故生女謂之有賺，則喜。生男出贅！謂之無賺。叔伯、兄弟各出贅離居，姊娣多同居共爨故也。」（《彰化縣志》：〈番俗、雜俗〉）

相愛的平埔男女終於決定廝守終生、共組家庭了。他們必須在稟告雙方父母之後，才能舉行正式的婚禮——即使在正式結婚前，兩人其實早已過著實質夫妻般的生活。

婚禮當天，新娘與新郎一前一後坐在像擔架的轎子上面，由四名男子抬著，還有一群人沿街敲鑼打鼓，熱熱鬧鬧地周遊鄰里，接受大家的慶賀，最後才來到新娘家。這時雙方父母會先喝下三、五斗酒，再與親朋好友一起飲酒歡樂，連續慶祝個好幾天才會結束。

多數古籍文獻在提到平埔族的婚宴時，不曾明確提及是否有舞蹈助興，不過從《番社采風圖考》對平埔族婚宴的敘述：「番俗成婚後三日，會諸親飲宴，各婦豔妝赴集，以手相挽，面對面，舉身擺蕩，以足下軒輊應之，循環不斷，為兩匝圓並形，引聲高唱，互相答和，搖頭閉目，備極媚態。」，答案應該是肯定的。

婚禮結束之後，新郎會留在新娘家，與妻子家人同居，這是因多屬母系社會的平埔族，常採行「招贅婚」的緣故。

關於平埔族的招贅婚，清代來台的法國耶穌會會士馮秉正（Joseph de Mailla），在寫給友人柯羅尼亞（P.de Colonia）的信裡是這麼說的：「（平埔族）男人就住在女家，不再回去。從此以後，少年就把岳父的房子當作自己的家，他要供養；而他自己父親的家，在他心目

↑ 獨立自主的平埔女性，對感情握有絕對的掌控權。

↑ 鑿齒習俗在不同的原住民族群中有不同的象徵意義。圖為邵族的鑿齒成年儀式。

平埔族的新娘與新郎一前一後坐在轎子上，風光接受沿街親友的祝福。

母系社會的平埔族人，多採招贅婚，男子婚後得住在女方家中。

中就像歐洲女方的家，新娘是要離開自己父親的家，而和丈夫住在一起。他們不以男孩為他們的幸福，他們切望生女孩，女孩可以為他們找女婿，作為他們年老的靠山。」不過，若是男方家裡只有一個獨生子，或是女方家裡女兒眾多，有時也會採行女子嫁到男方家的「嫁娶婚」。

一般而言，入贅男子在婚後會住在女方家裡。不過南部西拉雅人卻規定，即使是已婚男子，在五十歲前仍不准正式住在女方家，只能在夜裡悄悄潛進妻子房間，到了天亮再偷偷跑出來。對此，十七世紀隨荷蘭東印度公司來台傳教的干治士（Rev. George Candidius）在《臺灣島要略》裡，有一段生動的描述：「婚後（夫

妻）不住在同一家，而是在各自的家裡。妻子在自己家裡生活，丈夫只有在夜間才有權到妻子家住宿。丈夫必須趁著妻子全家人就寢之後，或者是之前到妻子家，不

平埔族的聘禮

平埔族在無婚約之前，早已有婚姻之實，因此不會舉行訂婚儀式。不過男方會準備檳榔、布匹、青紅布、頭箍、糯米飯、生鹿肉、豬肉、海蛤、銅製或鐵製的手鐲、玻璃珠、螺錢等物品，當作「聘禮」送給女方。《噶瑪蘭志》裡說：「番婦婚娶，各社不同。要備單戈紋、鹿、豕等送至女家以為聘」，《余志》、《范志》云：「娶婦先以海蛤數升為聘：竹塹間用生鹿肉為定。蛤大如拇指，殼有青文……男以銀錫約指贈女為定，曰『貓六』。」不過，對於並不講究財富的平埔族來說，聘禮的象徵意義，恐怕要遠大於實際的價值。

干治士在《台灣島要略》裡，曾描述他們的聘禮內容：「餽贈之禮物……包括多件襯衫，七、八件外套，籐製或竹製輪三百至四百件，金屬或白鹿角製，周圍約五英吋之指戒十至十二隻。而用犬毛縛在手指上。並且還有粗布製帶四至五條，犬毛製之上衣十至十二件（稱此為Etaruno）一件約值半弗羅林的中國服，……合計價值可達一萬斯提雨林克以上。」不過如此豐盛的聘禮內容，應只限於富有人家，貧窮者是不可能拿出這麼優渥的聘禮。

◀ 平埔族人離婚後，男婚女嫁便各不相干，婚姻關係井然有序。

近火光，以避免被人發覺，潛伏入床。他們不會大聲呼喚妻子。若是想要求愛，必須趁家人都入睡之後，用咳嗽聲或其他方法來暗示」、「他們不使用枕頭，而是用一片木頭取代，床單使用鹿皮。翌晨日出之前，丈夫必須離開。白天若是不確定妻子是否在家，不能出現在妻子家附近。他們必須要得到許可才可以進入妻家。若是丈夫發覺妻子的情緒很好，便可任意的逗留，否則得馬上離開。」也就是說，入贅男子白天可否進入妻家，以及晚上是否能在床上睡場好覺，都得端視老婆大人的心情來決定。

私通者照價賠償

平埔族人對婚前的交往關係毫無禁忌，卻對婚姻的態度異常嚴謹，恪遵一夫一妻制。如果有人違反了這個原則，將會受到眾人的鄙視。《台灣島要略》裡說：「是有些人同時有二、三名妻子，但終究是屬於少數，因為會被一夫一妻者所蔑

視。這些人比其他人更為淫亂，通常會在秘密之中進行，也常與妻子之外的女人有染。他們對妻子的妒意非常深，若有別人問及妻子健康與否或是她的美醜，尤其在不認識的人面前問這些，他們會感到極度的厭惡。」

不過，平埔族仍有夫妻因個性不合或通姦而離婚的情形。至於通姦者，則需賠償另一半的損失。《諸羅縣志》及《彰化縣誌》曾指出：「已相配而淫者，被獲，繫而榜之；聚眾罰以牛、羊。」《番俗六考》裡記載：「通姦被獲、鳴眾聲罪，罰以酒豕」、「私通被獲，鳴通事，土官罰牛一。」通姦被捉到的人，必須提出兩、三頭牲畜作為賠償。可見，平埔族

◀ 平埔男子婚後的地位遠不如女性，有些甚至不能光明正大住在女方家中。

並不純粹以道德角度來看待婚姻。

夫妻離婚後，原則上是「男婚女嫁，各不相干」，不過離婚是哪一方先提出，會影響日後再婚的順序。如果當初是雙方都同意離婚，那麼日後男方可以先娶，然後才是女方；若是男方主動提議離婚，那麼要等到女方再嫁後，他才能再娶；反之，如果是女方先提出離婚，要等男方再娶後才可梅開二度。若有離婚者違反這個規範，將會受到部落的集體制裁。

幾千年來，除了與前來捕魚或交換物品的漢人有零星的接觸之外，平埔族一直過著卓然獨立、與世無爭的日子。他們的感情生活豐沛而單純，他們的婚姻關係井然有序。直到十七世紀歐洲人在台灣海峽上的活動轉趨頻繁，使他們封閉的世界突然被打破；而荷蘭人與西班牙人的占領台灣，在外力的強勢介入下，被迫改變了他們長久以來維繫親族關係與社會秩序的愛情觀與婚姻觀。日後，隨著漢人的進駐台灣，更強將「三貞九烈」等父權價值帶入，這種曾在島嶼綿延數千年、浪漫而恣意的愛情關係，也就嘎然而止了。

文獻上的平埔族

　　包括凱達格蘭、西拉雅、巴宰海等十族的平埔族，是最早生活在台灣島上的住民。雖然各族間有相當的差異，但因漢人或西方人未詳加區分，因此後世對此瞭解不多。

　　目前所知最早有關平埔族的文獻記載，是十七世紀明朝末年的漢人陳第所寫的《東番記》。當時陳第隨著沈有容的軍隊在「東番」（即台灣）打倭寇，爾後在其著作《東番記》（1603年）裡，形容他所看到的平埔族說：「東番人不知所自始……性好勇，喜鬥，……交易，結繩以識。無水田，治畬種禾。……族又共屋，一區稍大，曰公廨；少壯未娶者曹居之。議事必於公廨，調發易也。……居常禁，不許私捕鹿。冬鹿群出，則約百十人即之，窮追既及，合圍衷之，鏢發命中，獲若丘凌，社社無不飽者。」從中我們約略可知當時平埔族的生活概況。

　　至於在荷蘭人眼中的平埔族，則是個「妻子從事耕耘播種及收獲，丈夫則從事戰鬥」的民族，這也驗證了陳第對東番人「好勇」、「喜鬥」的描述。《巴達維亞城日記》中亦有「麻豆與蕭土番，向來互相戰鬥，而今已訂和」的記載。由此略可窺知，當時平埔各族互相戰鬥的情形，應該是相當頻繁。

荷西與平埔的情緣

想思情郎想自己，不知爹親二十年；
思念想要見，只有金十字，給阮母親啊做遺記。

—— 〈安平追想曲〉

　　海風颼颼，站在海邊苦等情人的紅髮女郎，鬱鬱對愁。漲潮的浪濤聲朝她直奔而來，像是有人在呼喚著她的名字。她不禁回想起拋妻棄女的荷蘭船醫父親，回憶著自己失去歡笑的童年，心痛的她，只能癡癡地望著港邊一艘艘急急向外海駛去的船隻，對著大海的浪濤聲，唱嘆自己無奈的身世……。

　　〈安平追想曲〉裡一句句動人心弦的歌詞，唱出了文學家想像中，一段發生於數百年前台南的愛情故事，點出了當年無數台、荷混血兒的無奈身世。這一切，都要從十七世紀荷蘭人來台的歷史說起。

心愛美麗島

　　十六、十七世紀之交的中、西方歷史，正面臨重大的轉折。進入大航海時期的西方國家紛紛向海外擴張，發展海洋貿易。最早開始海外殖民的葡萄牙人占領澳門，打開對華貿易的窗口之後，荷蘭人與西班牙人亦起而效尤，希望能在中國沿海取得貿易的

1662年荷軍戰敗後撤離台灣，留下年輕體弱的女孩，許多異國情緣也因此被迫分離。

據點。其中，荷蘭人是最積極的。

　　十七世紀初期，荷蘭人為了打開對華貿易之門，在攻取澳門失敗後，決定轉而攻占澎湖。占領澎湖三年之後為明軍所

荷蘭人為了統治方便，曾派許多傳教士來台宣教。

17世紀初期，荷蘭人為了打開對華貿易之門，開始展開海外版圖拓展。

敗，而在與明朝官員交涉的過程中，得到明廷的默許改而轉進台灣。1624年8月，荷蘭人在台南的安平內港登陸，從此展開在台三十八年的殖民統治。

荷蘭人轉進台灣，不僅改變了台灣的歷史，更改造了平埔族的命運。只是經過四百年歲月的掏洗，以及政權的不斷更迭，那個年代的故事幾乎早已被人們所遺忘。然而，一張古地圖、一本熱蘭遮城日記、一片安平古堡的古牆，以及少數仍保有褐髮、高鼻等混血特徵的台灣人面容⋯⋯還是能拼湊出荷蘭治台時期的記憶與追想的旋律。

荷蘭人為了便於統治教化之故，十分倚重基督教的力量，企圖「感化」島上最主要的居民——平埔族。1625年，荷蘭東印度公司派遣傳教士甘治士來台主持傳教工作，而鼓勵傳教士與平埔女性通婚，則是他們認為最能深入台灣社會，以達到傳教與懷柔目的的重要手段。1629年2月，甘治士在寫給巴達維亞（今印尼雅加達）東印度公司總督的意見書裡，是這麼寫道：「當地（指台灣）之傳教形勢很有希望，應儘速派遣適當的傳教士，而最好的方式，是與當地女子結婚，永遠住在當地，以傳教為終身事業。」此後，荷蘭傳教士娶平埔部落女子的情形，時有所聞。據說現在南部新港一帶，仍可見到一年代久遠的石碑，上面記錄著該社頭目之女與荷人結婚的事蹟。

約莫與此同時，西班牙人繼荷蘭人之後攻占了台灣。1626年他們從呂宋出發，沿著台灣東部北上，在貢寮三貂角登陸，而「三貂角」這個名字，就是從西班牙人Santiago的譯音而來的。他們繼續向基隆挺進，在社寮島（今和平島）建立了聖薩爾瓦多城；1629年轉往淡水，建立聖多明哥城，也就是今天淡水紅毛城的前身。自此，北部沿海全為西班牙人所占領，直到1642為荷軍所敗，方結束了在北台灣十餘年的統治歲月。

混血荷西

爾後鄭成功海上勢力崛起，令荷蘭人深感威脅，而鄭軍在進攻南京失敗後，亦開始認真思索如何自荷人手中奪取台灣，兩方關係日趨緊張。1661年，鄭軍與荷軍兩方正式開打，鄭成功僅以數萬人的血肉之軀，戰勝了船堅砲利的荷蘭軍隊。1662年，荷蘭人決定撤離台灣返回母國，這不僅意味著荷蘭勢力完全退出台灣，也代表許多異國情緣終將分離。當初不論是基於愛情或是迫於情勢，而與荷蘭男子結褵的女子，如今面臨各自分飛的命運，她們只能心痛地忘著港邊的身影逐漸遠邈，完全無力挽回情郎離去的腳步。

自台撤退的荷蘭人走海路回到歐洲，必須先經過印尼雅加達、橫越印度洋

抵達南非開普敦、再往北走大西洋返回荷蘭，大概需要三到五年的時間。在醫療並不發達的年代，很多人會因不適應長年海上生活而病死。為了避免年輕體弱的女孩命喪船上，他們把一些在台灣出生、在荷蘭沒有親人的少女留在台灣。失去同鄉的痛苦與島國的暑熱，讓這些孤苦無依的少女處處感到陌生難耐。然而命運安排她們留了下來，成為鄭成功部隊的官兵，或渡海來台漢人商賈的妻妾，台灣這塊土地，就此成了她們的天堂與地獄。

數百年來阿里山鄒族部落，亦傳說曾有部分荷蘭人在撤台之際，逃入阿里山接受鄒族保護。這些荷蘭人與鄒族婦女結婚後歸化成鄒族人，並且以「安」為姓，阿里山鄉樂野部落安氏家族的後人說，他們之所以會姓「安」，是因老家在荷蘭人總部「安平城」。據說這一系姓安的鄒族人，有著特別白晰的皮膚與高挺的鼻樑，長相與身型亦酷似歐洲白種人，可見這則流傳已久的說法，似乎是其來有自。

雖然說西班牙人占領北台灣的時間不長，駐紮的人員也不多，可是僱用的人員與士兵卻包括了歐洲人、中美洲原住民、還有呂宋島的傭兵，有如一支多種族的聯合部隊。儘管缺乏足夠的資料佐證，不過依常理推斷，這些來自不同國家的男子，很可能曾與本地平埔女性結為夫妻，產下融合各色人種的混血兒。而這些多元的異國基因，也就滲入了後代台灣人的血液之中。

走過荷蘭、西班牙殖民者的統治時代，台灣有如結束了一場驚險而疲憊的航行。旅程上穿越的急湍險灘，都將成為塑造日後歷史的轉捩點。再回首，河水翻滾而去，波濤不知所終。就在這個時候，島嶼隨著漢人勢力大舉入侵，起了重大的變化，而更多驚濤駭浪、纏綿悱惻的愛情故事，亦將在大時代變動、翻滾的浪潮之中逐一展開。

↑ 1624年荷蘭人在台南的安平內港登陸，展開長達三十八年的殖民統治。

← 荷西時期錢幣。

23

紅毛仔走了

留下的不多

黑水溝彼岸的居民

像潮水般一波波的湧進

孤身來此的漢男子

不僅用雙手打拼天地

也與台灣的女子寫下一頁頁的戀情篇章

此中有汗水、青春、歡悅

也有憧憬、漂泊與苦澀的滋味

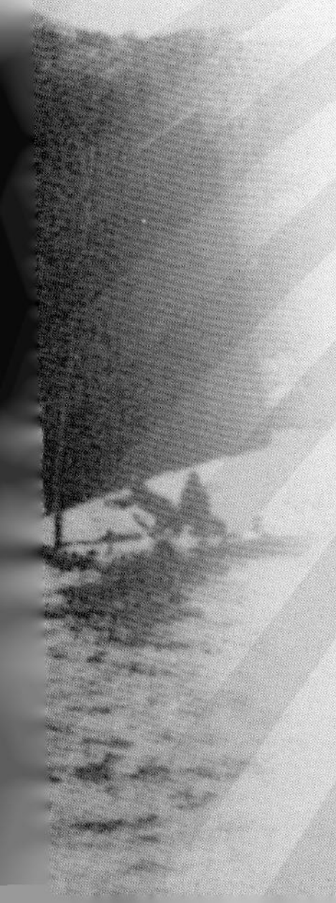

台日愛情物語

昔吾國（日本）有義俠女曰田川氏出遊千里濱，風雨大至不得歸，田川氏拾文貝為戲，忽覺分娩，蹐跟就濱內巨石以生。

—— 台灣銀行經濟研究室《鄭成功傳》

　　當愛情的潮流湧來時，有的人是身不由己的捲進去，有的人則是自告奮勇地投進去。無論愛的潮流是順流還是逆流，身陷其中的人，最能感到受自己的力量是多麼地脆弱。這樣的心情，三百年前的日本女子田川氏應該最能體會。因為她與明末海盜頭子鄭芝龍那段特殊的台日戀曲，造就了赫赫有名的開台始祖鄭成功，以及她後半生悲情無奈、飄泊無依的感情生活。

鄭芝龍愛平戶女

　　說到鄭芝龍，必須把時空拉回明朝的嘉靖年間。當時朝廷廢除了「市舶司」（類似現在的海關），禁止對外貿易，然而中國的絲綢、陶瓷在海外已有廣大市場，若是禁止對外貿易，將會產生嚴重的供需失調問題。在利益趨使之下，走私、海盜、倭寇等事件不斷四起，從日本到閩浙一帶的海域，更有武裝商團的出現。這些以武力為後盾的牟利組織，其實與海盜並沒有什麼

風景優美的日本平戶海邊，陪伴鄭芝龍與田川氏度過幸福的新婚生活。

兩樣。而鄭芝龍，就是這些海盜集團的頭子之一。

據說年輕時候的鄭芝龍長得白白淨淨，身材修長勻稱，稱得上是個美男子。他隨著做生意的舅父在澳門待過一段時間，娶陳姓女子為妻，生下一個女兒，只不過這段婚姻隨著鄭芝龍前往呂宋闖蕩後，便無疾而終了。

1623年，鄭芝龍隨著一艘荷蘭商船到日本平戶做生意，在清理船貨、等待順風回航的期間，遇見比大他兩歲的日本女子田川氏，一時驚為天人。根據史書記載，田川氏長得「天嬌絕俗，美麗非常」，鄭芝龍見到她之後大為傾心。他猛烈的愛情攻勢，得到了田川氏的回應，於是兩個人談了一場轟轟烈烈的跨國戀愛。

一個是俊美的中國海盜，一個是美麗的日本名媛，無論是語言、種族、國籍與階級都迥然相異。在那個封閉而保守的年代，這對年輕人如何跨越重重的障礙，順理成章地結為夫妻？

對於戀愛中的男女而言，社會壓力與道德規範根本是微不足道的，更何況，鄭芝龍與田川氏的結合，是在東、西方交會初期的時代背景下，再自然也不過的。

十七世紀的平戶，是日本對外貿易的重要港口，外國船隻經常來往於此，女子與異國男子相戀的事情，時有所聞，所以對田川氏而言，與鄭芝龍談戀愛並不是什麼了不得的事。至於年輕時便已輾轉於澳門、呂宋打拼，眼界遼闊的鄭芝龍，對感情的態度亦十分開放。他曾開風氣之先，將在澳門的女兒嫁給歐洲天主教徒羅德里格斯，因為對他來說，感情的重要性，絕對凌駕於種族與國家之上！

由於對外貿易供不應求，在利益趨使下，十七、八世紀海上，走私、海盜、倭寇等事件不斷四起。

誕兒成功

鄭芝龍與田川氏結婚後，曾度過一段快樂而短暫的時光。平戶的海濱風光明媚，碧海藍天的美景，為兩人的新婚生活增添不少浪漫色彩。婚後不久，田川氏就懷孕了。1624年7月14日，鄭芝龍帶著田川氏在平戶海濱玩耍（一說田川氏是一個人在海邊揀拾貝殼）。就在兩人玩得興高采烈之際，田川氏突然感到肚子劇烈疼痛，連忙躲在一塊巨石的後面，沒多久就生下了她與鄭芝龍的孩子——鄭福松（取福建之松的意思），也就是鄭成功。如今這塊巨石仍屹立在平戶海邊，當地人稱之為「兒誕石」，後來成為很有名的觀光古蹟。而這一年，正好是荷蘭人占領台灣的同一年。

據說鄭芝龍曾將田川氏接回福建，卻在明、清交亂之際遭到清軍侮辱，羞憤自盡。

東西方交會初期，日本平戶這個外國船隻經常來往的港口，女子與異國男子相戀的事情時有所聞。圖為東門國小收藏之日本男女人偶。

　　鄭成功出生那年，鄭芝龍決定離開日本，向外拓展事業版圖。他瀟灑地向田川氏揮揮手，不帶走一片雲彩；他不曾許諾，因為他不願意、更無法許諾。只是猶沉浸在新婚甜蜜的田川氏還不知道，此後她與鄭芝龍的夫妻生活，將一直是聚少離多。那個曾經勇於突破種族與階級藩籬、與鄭芝龍相偕在平戶海濱耳鬢廝磨的日本女子，她那一直殷殷期盼夫婿早歸、始終不肯認命的心，是否始終平靜無波？我們並不得而知；不過可以肯定的是，她獨自在日本老家，茹苦含辛地將鄭成功撫養長大。鄭成功七歲那年，鄭芝龍將他接回福建老家，但田川氏卻被留在日本，兀自品嘗著孤獨的滋味。

　　多年之後，事業有成的鄭芝龍接受朝廷招撫成為明朝臣子，並在受撫之後，先後迎娶了顏氏、陳氏、李氏、黃氏等女子進門。成群的妻妾，象徵著鄭芝龍的財富與地位，至於昔日與田川氏的恩愛與甜蜜，早已隨風而逝。而鄭芝龍與田川氏的愛情結晶，也就是他們的長子鄭成功，後來成了把歐洲人趕出台閩海域的一代豪傑，為日後的台灣歷史，揭開了嶄新而燦爛的一頁。

「田川氏」還是「翁氏」？

　　關於鄭芝龍第二任妻子田川氏的身世，各界一直有不同的說法。

　　有人說，田川氏很早就沒有了父親，是因母親改嫁給翁姓中國男子，她也跟著改姓翁，所以鄭氏家譜均稱鄭成功母親為「翁氏」。另有一種說法則稱，田川氏與鄭成功一樣，都是中日混血兒，她的父親是福建泉州人翁翌皇，母親則是姓田川的日本女性，後世以訛傳訛，將「翁氏」誤植為「田川氏」，才會造成若干文獻上稱鄭母為「日本人田川氏」。坊間還曾流傳田川氏是日本番主的女兒，當年番主看上了相貌堂堂的鄭芝龍，主動把女兒許配給他的。

　　至於田川氏與鄭芝龍的關係，後世亦有相左的意見。有人認為鄭芝龍在離開日本後便與田川氏分手，直到鄭成功七歲將他接回中國時，兩人才有了短暫的連繫。但也有人認為，鄭芝龍離開日本的那年年底，田川氏又為他生下一個兒子，足見鄭芝龍曾回日本探望她，兩人始終維持著感情。多年之後，鄭芝龍曾遣人將田川氏接回福建，兩人才算是真正聚首。明、清之交的亂世紛擾之際，田川氏遭到清軍的侮辱，羞憤自盡。據說正是因為母親的慘死，才造成了鄭成功誓死反清復明的決心。

婦女一人數百金

所見祀神紅龜粄，所見有妻烏龜般。大聲不敢罵妻子，隨其意下任交歡。
拾個丈夫九個係，只有一個不其然。野夫入屋丈夫接，甜言好語待茶煙。

—— 〈渡台悲歌〉

　　經過荷蘭人、西班牙人統治的台灣，在鄭氏王朝掌權後，又面臨命運被改寫的時刻。島嶼上的男男女女，即使經過不同統治者的交替，仍無法掙脫宿命的安排。

　　鄭芝龍在離開日本後，逐漸建立起傲視群雄的海上霸業，實力與財力大增。明廷不敢小覷他的地位，於是積極拉攏。後來他接受福建巡撫熊文燦的招安，從縱橫四海的海盜，搖身一變成了朝廷重臣。而就在他事業如日中天之際，才想起了遠在日本平戶的兒子，於是決定把鄭成功接回中國撫養。從此，小小的鄭成功脫下日本和服，換上了中國長袍，並且開始接受正統的漢人教育。

　　1644年清兵進入北京，建立大清帝國，第二年攻陷揚州，直下南京。鄭芝龍見明朝氣數已盡，決定降清。深受儒家思想薰陶的鄭成功，眼見鄭芝龍不顧忠義棄明降清，誓言與父親決裂。他從一支三百子弟兵的小軍隊起家，逐漸發展成一支不可輕忽的兵力；後來更因母喪之故，讓他痛下定決心趕走荷蘭人，將台灣作為反清復明的根據地。1661年，他帶著一尊媽祖神像，率領軍隊擊敗荷蘭人，結束了「紅毛人」的統治，也確立了他「開台始祖」的歷史地位。

清廷下令中國沿海居民撤退，讓他們苦不堪言，為了掙口飯吃，人民還是甘願冒著生命危險渡海來台。

男多女少　心浮氣躁

鄭成功打敗荷蘭人後，有了在台長治久安的打算，下令部屬將留在中國內地的家眷接來同住。沒想到，部屬擔心家人會因「水土不合，病者即死」，個個面有難色，遲遲不敢將妻小遷來台灣。因此在台隨著鄭成功打天下的期間，一個個都過著有如單身漢般的苦悶生活。

另一方面，清廷為了凍結鄭成功的資源與兵力，下令中國東南沿海五省的居民往後撤退三十里，導致原本依海為生的居民在遷界後，連基本生活都成了問題。許多沿海省分居民為了掙口飯吃，甘願冒著生命危險潛入台灣，成為鄭氏的兵卒。而這些大量擁入的男性壯丁，造成男女人口失衡的大問題。

其實早在荷治時期，為了推廣種植甘蔗製糖外銷，荷人便曾從中國招募了將近十萬男丁。大量湧入的男丁，造成男多女少的現象；而鄭氏官兵的進駐，更使原有人口失調的情形日益嚴重。在鄭氏時代，民間即有「鄭錦（經，即鄭成功之子）之兵，皆無妻子。婦女一人之價，至於數百金。」的說法。《福建通志》裡提及台灣時曾說「民，男多女少，匹夫猝難得婦。」《諸羅縣志》亦言：「男多於女，有村庄數百人而無一眷口。」由此可知，女性在正值移民墾荒的社會裡，是多麼稀有而珍貴的「資產」！

🔵 鄭成功夫妻。

離鄉背緊井的孤寂，加上沒有家庭的慰藉，使得鄭氏軍隊人人心浮氣躁，無心征戰。鄭氏王朝為了安撫軍心，竟鼓勵麾下官兵強占平埔女性。也有腦筋動得快的黑心商人，眼見鄭氏官兵有此生理及心理上的需要，便在內地綁架婦女，趁著黑夜從廈門一船一船載到台灣來賣。如此殘暴的舉動，不知讓多少無辜的女性，只能無奈地接受命運無情的安排，為著自己悲慘的命運而暗自飲泣。

羅漢腳　夜寂寞

鄭成功去世後，兒子鄭經繼位，但聲勢已大不如前。1683年，清將施琅攻克澎湖，繼而登陸台灣，結束了鄭氏政權，台灣從此進入清領時代。只是政權的更迭，並沒有改變「男多女少」的問題。

清廷為了管理方便，開始頒布渡海禁令，不准漢人攜眷渡台。然而台灣的土地肥沃，氣候合宜，人口稀少，還是吸引許多沿海人民偷渡。偷渡者除了要避開官方禁令，更要挑戰渡海風險，並不適合女性，因此多半是青壯男子，也因這批青壯男子的湧入，更拉高了存在以久的男女懸殊比例。

康熙末年，清官員藍鼎元形容台灣「有夫妻子女之人民，自北路諸羅、彰化以上，淡水、雞籠山後千有餘里，通共婦女不及數百人，南路鳳山、新園、瑯嶠以

下四五百里，婦女亦不及數百人」。

由於女人實在是太少，導致男子要結婚非常困難，所以民間遂有「一個某，恰贏三仙天公祖」的俗諺。不正常的男女組合，非常容易釀成家庭問題與社會悲劇。流傳於民間〈周成過台灣〉的故事就是最好的例子，隻身來台打拼、沒有娶妻生子的周成，成天心情浮躁，賺了點錢便浪擲於吃喝嫖賭，迷戀娼妓，直到散盡床頭金才赫然醒悟，卻為時已晚。雖然說周成可能只是虛構出來的角色，不過由他的故事仍可看出當時「羅漢腳」寂寞難耐的普遍處境。

千妻百怪

因為男多女少，賣女入娼門、蓄童養媳、典妻、娼館林立等社會亂象亦隨之而生，中下階層男性「共妻」的情況，更是屢見不鮮。「價值數百金」的女人才跨進生命的初期，便被迫告別了青春，陷入了垂老。她們從來不曾懷抱年少的夢幻，更沒機會憧憬浪漫的情愛，因為她們打從一出生，就註定將從青春年華裡被驅逐出境，驅逐到一個充斥著男性的貪婪與肉欲的世界……。

道光年間任台灣府訓導的劉家謀，他的《海音詩》對清代中期臺灣的社會文化有深刻的描寫，常為歷來研究者重視。從他其中幾首《海音詩》的內容，或可看

出「台地多娼婦」的悲慘處境：「睥睨東邊列屋居，冶遊只費杖頭儲，那知切里微村外，別有催科到女閭。」、「鵙兒原不及娘兒，聘結檳榔喜未遲，分得後生查畝仔，白頭無復嫁尪時。」內容道盡了對薄情男人的愛恨與控訴，字字句句的嘶喊對照到現實人生，令人不忍。

另一首《海音詩》則反映了在男多女少且多為晚婚的情況下，男子於婚前蓄妾，導致日後糾紛不斷的情景：「夜合花開香滿庭，鴛鴦待闕社猶停，怪來百兩盈門日，三五微芒見小星」；而「何必明珠十斛償，一家八口託檀郎，唐山縱有西歸日，不肯雙飛過墨洋。」的字句，更細膩描繪出男子在台娶妻，囿於規定不得攜眷返回家鄉，不得不隻身返回中國後，台灣妻子琵琶別抱的無奈。

〈渡台悲歌〉中記錄清領初期時男女比例的懸殊差異，造成許多特殊的夫妻關係。

早在清廷治台不久，便曾有官員上書指出，不得攜眷的規定讓男人無法解決生理需求，導致娼館生意異常興隆；而女性人口的奇缺，更是造成年輕女子被賣入火坑的原因，因此奏請朝廷解除禁令。只是從雍正到乾隆年間，朝廷的渡海政策一直反反覆覆、時開時禁，使得男女人口失衡的問題，始終無法獲得根本性的解決。

乾隆年間，清廷有鑑於偷渡問題的嚴重性，決定解除攜眷規定。1875年則又進一步解除了渡台禁令，並在廈門、汕頭、香港等地設立招墾局，致使來台女性人數大增，兩性人口比例趨於平衡。昔日賣女、賣妻、共妻等光怪陸離的現象，也就漸漸減少了。

從明鄭到清領，在男女失衡的人口壓力下，台灣女人的愛與欲，也一併受到了父權政治的埋葬。直到渡海禁令解除，女人才不再只是「稀有資產」，而逐漸被視為是活生生、有血有肉的人，她們方才有那麼一點點機會，能夠任憑自己年輕的心，與男人一樣去探索愛情的酸甜苦辣。她們沒有沉浸在過往不堪回首的歲月中，記憶裡的嘈雜對她們而言，變成了洶湧澎湃的滾滾濤聲。她們只是勇敢地繼續往前走，即使展開在面前的道路，依舊是充滿了陰霾與曲折……。

清代的渡海禁令

清廷統治台灣期間，為避免反清勢力再度集結，基本上並不贊成人民遷居台灣。所以從1683年領台之後，曾多次頒布禁止人民渡台的命令。

康熙年間（1683）的渡海禁令，第二條即有「渡台者不准攜帶家眷，已渡台者亦不得招致」的規定。後來，清廷曾於雍正十年至十七年、乾隆十一年至十二年以及乾隆二十五年至二十六年，三度准許渡者攜家帶眷來台，但未幾卻又下令禁止。反覆無常的渡台政策，使得許多想要來台工作的移民，總是得像偷渡客一樣，偷偷摸摸地來台發展。

這樣的渡台政策，一直要到光緒元年（1875）才有了真正的改變。這一年，清廷終於下令正式解除原有的渡台規定，鼓勵中國居民移民台灣，使得長期以來極度不平衡的男女人口比例漸趨正常。據瞭解，清代台灣的男女人口比例最初曾高達276：1，不過在開放禁令二十年後的日治時代初期，就已經變成119：110了。

唐山公愛平埔媽

近日番人與漢人牽手者多，……歸化番女亦有為漢人妻室者，往來
倍親蜜……瑯嶠一社喜與漢人為婚。

——《臺海使槎錄》

當一個人隻身離開家鄉，情感總是特別地脆弱。尤其是離鄉背井來台打拼的男子，失去了家庭的溫暖與家人的慰藉，只有靠著不停地勞動，忘卻生理與心理對感情的需要。然而，人畢竟是感情的動物，縱使官方嚴格規定不得與平埔女子結婚，單身的羅漢腳依舊突破了法令與社會的禁忌及壓力，義無反顧地與平埔女子成親，寫下許許多多「唐山公愛平埔媽」的傳奇故事。

漢番婚不得

清廷治台初期，採用嚴罰重稅杜絕中國人來台。而且，不論這些人究竟是偷渡、還是合法過來的，一律以兵律及戶律規範行動，嚴禁他們進入生番（高山族）或是熟番（平埔族）的地區開墾。1876年，清廷採納巡臺御史白起圖的建議，頒布「戶律婚姻嫁娶違律主謀人罪附例」，規定漢人絕不可以與「番人」結親，違者則要罰一百大板。

清廷禁婚的目的，主要是有鑑於漢族

男子與平埔女性「在一起」後，經常造成紛紛擾擾的事端。許多男子來台後寂寞異常，眼見美麗的平埔女子，不免心生追求之意，即使女子早已結婚也照追不誤；有些比較惡劣的男人，還會強占平埔女子，造成漢原關係緊張。乾隆年間，大學士鄂爾泰亦曾以「業在臺灣者不能棄其田業，亦不能攜家眷，另娶番婦恐滋擾」為由，奏請朝廷「准予臺民招眷來臺」，就是希望漢人男子不要落單，以解決漢原交往衍生的後遺症。

矛盾的是，官方雖在法令上規定不得與「番人」成

日治時期，日本的畫家所描繪的庶民男女。

男多女少的漢移民社會，常引起無謂的爭端。

清朝初期嚴格杜絕漢人與蕃人通婚，嚴禁他們進入原住民地區開墾。

婚，私下卻對將「番女」納為妾室不加干涉，「戶律婚姻嫁娶違律主謀人罪附例」的律令形同虛設，使得漢族男子與平埔女性沒有夫妻之名、卻有夫妻之實的情況非常普遍。

為錢為情？

也許有人會問：為什麼當時漢族男子會選擇與自己語言、文化乃至於生活習慣都截然不同的「番女」在一起呢？答案很簡單，唯「寂寞」兩個字。試想，一個隻身來台打拼的漢族男子，在剛開始可能還會努力克服孤獨。然而三、五年過去，沒有家人慰藉與感情依靠的他，該怎麼撫平許多情緒上的困頓與生理上的情欲需求？

就在這個時候，天真浪漫的平埔女子走入了他的心房，她的率真與熱情，突顯出內地女子所沒有的單純與善良。長久以來的寂寥之感更讓他格外渴望感情上有所寄託。對漢族男性來說，生長於熱帶島嶼女子，充滿了神秘迷人的風情；對於平埔女子來說，來自彼岸的異鄉男子，又何嘗不是充滿了獨特的吸引力？郁永河在《裨海紀遊》裡說：「客至，番婦傾桶中酒，先嘗然後進客。客飲盡則喜，否則慍而客有憎之，即呼其憐婦，各衣毯衣，聯袂為歌似侑觴，客或狎之亦不怒，其夫見婦為客狎之喜甚。」文中敘述平埔女性是何等熱情地以酒待客，就連自己丈夫亦不以為

意，生動描繪出「番女」對「漢家郎」的青睞。

不過，漢原結合固然可能是發自真心至情，也可能只是著眼於土地利益。根據傳統，平埔族是女性擁有土地財產繼承權，但因大清律法並不承認女性有繼承家產的權利，不少利慾薰心的漢族男子為了騙取土地，想盡各種辦法入贅到平埔家中，藉以掌控女方的土地與財產。還有漢人在娶了平埔頭目女兒為妻後，進而占得頭目的地位！這種欺瞞的手法，從康熙末年以來便蔚為歪風，讓許多原本屬於平埔族的土地，紛紛合法轉移到漢人手上。

選擇與平埔族的女子結婚，既可解決子然一身的孤寂，入贅到女家之後，又可分到家產，種種的優點，對隻身來台的羅漢腳來說，確實有很大的吸引力。此後漢原大量通婚，繼而生養子嗣、在台灣落地生根，「有唐山公，無唐山媽」的俗諺，正說明了當時漢人男子與平埔族婦女「牽手」的普遍情形，也是至今有許多家庭在族譜上，只能追溯到來自中國的男祖先，卻找不到女性開台祖名諱的原因。

客原後山情

男多女少的結果，除了形成「唐山公與平埔媽」的結果，也在東部若干地區造成「客家公與山地媽」的特殊現象。

1875年，清廷命總鎮兵吳光亮開闢

從南投翻越中央山脈抵達花蓮玉里的八通關古道，大量招募來自廣東潮州、汕頭的客家人開墾後山。吳光亮為打通古道通往東海岸的出口，決定沿著玉里北上瑞穗，循著秀姑巒溪口抵達大港口，而他麾下的客家士兵沿路與阿美、布農女子結婚，造成客原通婚的現象，甚至還因「過度聯姻」的結果，造成阿美族璞石閣社的消失。八通關古道的工程完工後，不少客家士兵決定在玉里留下來，如今在瑞穗富源村的布農族馬遠部落旁，仍有一處被稱為「廣東莊」的地方，據說這個莊名的來源，與當年廣東士兵與原住民通婚有關。

另外，在光復鄉富田村東北方的「阿德模」阿美族部落，至今仍保留了在客廳祭祖的習俗，據說這些阿美族人，都是當年吳光亮的客家兵與阿美族通婚的後代，才會保有傳統阿美族沒有的習慣。所以，今天住在玉里、瑞穗一帶超過百年的漢人家族，很可能都是「客家公娶山地媽」的結果。

唐山公與平埔媽──台灣數百年前的先人，他們的結合可能經歷痛苦的掙扎、可能充滿了浪漫的故事，更可能只是出於不得不然的無奈。但我們寧可相信，幾個世紀以前的唐山公與平埔媽，他們曾經以全部的生命，去追求夢想中的愛情天堂，也許最後不能盡如所願，然而天堂的景象卻永遠在他們的心中，不曾消逝。

↑ 早期大量漢人與本地女子通婚，造成許多家譜上「有唐山公，無唐山媽」的情況。

「牽手」是誰？

台灣人常稱妻子叫做「牽手」，不過你可能不知道，「牽手」（一稱「挽手」）這個用語是平埔語轉變過來的，而且「牽手」指的未必是妻子，也可能是丈夫！

文獻古籍上有關「牽手」的定義，並不是很清楚。《台灣縣志》的解釋是「結姻名曰牽手」，《東瀛識略》則說「因訂為婚，名曰牽手」，至於《諸羅縣志》則稱「自稱其妻曰牽手」。無論「牽手」指的是結婚、訂婚還是另外一半，我們大致上還是能夠掌握它的含意。不過，既然當時平埔族多數是母系承家，因此「牽手」也有可能指的是男性伴侶。所以，後世以為「牽手」的意思就是「妻子」，並不一定正確。

飛上枝頭作駙馬

時番埔地尚存，任憑漢通(事)招墾，租票計有萬石，公費尚有餘長
—— 《岸裡大社文書》

多少唐山公與平埔媽的婚姻，曾在這片土地上孕育過，無論這些愛情是何等地動人、何等地燦爛，恐怕都沒有張達京的故事來得精采。因為，這位道道地地的唐山公不僅娶了平埔媽為妻，而且這位平埔媽還是頭目的女兒，使得一介平民的張達京，一躍而為平埔族的駙馬爺！

乘龍快婿張達京

張達京是廣東潮州大埔縣人，從小練得一身好武藝，還曾跟著父親學醫，頗懂岐黃之術，稱得上是文武雙全的青年。二十歲那年，他得到伯父的允諾，在閩南一帶做生意，後來想到台灣來碰碰運氣，便從福建漳州、廈門乘船在台南登陸，後又轉往中部。當時大甲附近的原住民十分凶殘，治安很差，張達京不敢再往北走，最後在台中岸裡社（現在神崗鄉境內）定居下來。

為了顯示自己的誠意，張達京並不急著開墾土地，而是努力學習當地語言，試

圖打入平埔社會，以爭取他們的好感。不久，岸裡社發生了嚴重的瘟疫，自小習醫的張達京採集了許多藥草，親自為岸裡社的巴宰海族人治病，令他們十分感念，從此也得到他們的信任。岸

張達京憑著堂堂相貌以及幾分才氣，贏得岸裡社人的青睞，更一躍龍門變駙馬。

《敦仔行樂圖》。1730年中部番社作亂，張達京聯合岸裡社的土官潘敦仔，率領社內的丁勇參與平亂成功。

裡社的土官（原住民擔任當地政府職務的官銜）阿莫為了報答張達京的恩情，決定將女兒嫁給他。從此張達京一躍龍門，成了岸裡社頭目的乘龍快婿，人稱「番仔駙馬」，展開他一生燦爛輝煌的事業。據說年輕時的張達京身材魁偉，相貌堂堂，再加上十分聰明練達，又頗有幾分才氣，深得平埔族女子的青睞與愛慕，所以即使已有頭目女兒為妻，還是有六位平埔美女自願做他的小老婆，忠心服侍他，可見張達京的魅力，確實不同凡響。

七品京官見皇帝

1725年，張達京做了岸裡社的首任總通事（舊時通譯語言的人），負責擔任漢人和豐原地區巴宰海族的翻譯。他在接掌這個職位後，除了讓平埔族學習漢人的飲食習慣，還教導他們耕地鑿水的方法，開墾土地。由於在開墾的過程中，常會有水源不足的問題，張達京便與平埔人商議，讓漢人出資開鑿水圳，平埔人讓出土地給開圳者開墾，這便是著名的「割地換水」的故事。

在取得土地後，張達京招募客家佃農，耕種從平埔族那裡取得的土地，收取稅租。藉著收租及水利投資賺取的錢財，他聚集了當地富豪組織了「六館業戶」，繼續開墾大台中地區的土地，並開鑿了葫蘆墩圳，引進大甲溪水灌溉台中平原。由

於所開墾的土地稻作收穫豐盛，不到幾年他就成了地方巨富。張達京除了擔任通事與開發土地外，只要地方上有亂事，也熱心參與平亂。1730年，大甲、清水、沙鹿、土牛、新社、東勢等社作亂，他聯合岸裡社的土官潘敦仔，率領社內的丁勇參與平亂成功。事件過後，清廷賜給岸裡社一大片獵場，還免除部分稅賦；此外，平亂有功的張達京，更受召前往中國面見雍正皇帝，得到御賜紫色龍袍一件，加封守府及七品京官，非常風光。

1761年，年事已高的他禁不住故土的聲聲呼喚，決定告老返鄉回到廣東老家，1773年，張達京壽終正寢，被家人葬在大埔（茶陽）赤山高桃灣，後人為了紀念他的開拓功績，還在社口的萬興宮供奉他的長生祿位，緬懷他的豐功偉業。過了一百多年之後，張達京在台的後代子孫將他的骨灰迎回豐原，台灣女婿終究還是在台灣落腳，也為名噪一時的「番駙馬傳奇」，正式畫上了句點。

● 岸裡社土官阿莫為感念張達京，將女兒嫁給他。圖為縣府批准阿莫管理地方事務之信牌。

● 據說當時在大甲附近的原住民十分兇殘，張達京不敢再往北走，於是在岸裡社（現神岡）定居下來。

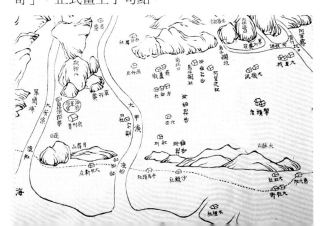

上帝證婚姻

我張聰明。現當眾位眼前。推心謹告。現在甘願配。與教士馬偕。成為夫婦。以我自信。毫無阻礙。我望眾位眼前共悉。我張聰明。現配與你。馬偕。照律例。永為我丈夫。

—— 張聰明與馬偕結婚誓約書

西方傳教士來台宣教，對台灣政治、教育影響深遠。

馬偕(左一)與張聰明(右一)二十多年的異國婚姻，始終感情甚篤。

生命過程中，往往會出現許多的選擇。但一個人不可能什麼都投入，因此必須在許多選擇當中，做出最恰當的決定。

清朝年間，有許多來台的西方傳教士，他們抱持著神聖的心情，想將福音傳遞給台灣人，他們有雄心，也忍得住寂寞，只希望能將來自上帝的訊息，帶到這個太平洋上的島嶼。然而命運的安排，總是出人意料之外。一位原本決定終身不娶、一心誓奉上帝的傳教士，在來台之後，竟意外遇見了生命中的「真命天女」，他們的相遇，不僅改變了兩人的一生，也改變了基督教在台灣的發展。他，就是馬偕博士（Dr. George Leslie Mackay）。

早在荷蘭與西班牙統治期間，西方傳教士便曾以各國軍隊馬前卒的身分，前來台灣宣揚福音，也試圖透過傳教士與台灣女人結婚，以達到「宣教」兼「教化」的雙重目的。不過隨著鄭成功趕走荷蘭人、漢文化全面入侵之後，基督教文明的影響遂逐漸勢微。到了清代，西方傳教士再度向中國叩關，除了在東南沿海一帶積極傳教，亦來到了台灣。當時除了英國長老教會的馬雅各（James Maxwell）、甘為霖（William Campbell）與巴克禮

（Thomas Barclay）之外，最為人所熟知的，就是加拿大長老會的馬偕博士。馬偕除了在宣教、醫療與教育上有極大貢獻，他勇於突破種族與階級的藩籬，與台灣女子張聰明結婚的故事，更是為人所津津樂道。

拔牙兼傳教

馬偕的中文名字叫偕叡理，1871年來到台灣。他一開始在北部的艋舺一帶傳教，不過由於當地人的強烈排斥，才轉往淡水一帶發展。後來他在五穀坑（現台北縣五股鄉）建立了北台灣第一座教堂，並且以淡水為中心，展開在北台灣長達三十年的傳教生涯。

由於基督教義與中國傳統信仰有許多差異，加上部分傳教士盛氣凌人的姿態，引起不少人反感，地方上不時發生打劫傳教士、焚毀教堂的事件。為減少人們對「洋鬼子」的疑慮，傳教士常以「醫療」為手段，以爭取民眾好感，馬偕自然也不例外。他雖不是醫生，但為了傳教之故，憑著來台佈道前的基本醫學常識訓練與簡單器材，開始以免費「拔牙」為名，行傳教之實。他曾說自己的「傳教三步驟」，是「先唱一兩首讚美歌，然後幫人拔牙，最後才是講道」，而這套「拔牙兼傳教」的方式果然奏效，使得五股教會的信眾日益增多。

愛的旨意

五股教會第一位女信徒陳塔嫂的養女，叫做張蔥（後改名為張聰明），自幼便在五股教會參加聖經班，表現十分優異；不過，無論她再怎麼聰明伶俐，終究仍擺脫不了身為童養媳的身分與被虐待的事實，讓馬偕對她心生憐惜。帶著一顆誠摯奉獻的心來到台灣的馬偕，早已學會了不輕易觸動感情，也學會了理性地控制自己的情緒，只有偶爾心裡泛起一絲鄉愁

遠眺觀音山，近傍淡水河，馬偕在淡水走過愛與奉獻的三十年歲月。

馬偕的兩位女兒分別嫁給其弟子，兒子偕叡廉更繼承父志，繼續從事宣教工作。

時候，才會重新思索未來的人生裡，是否需要婚姻與家庭的慰藉。不過，那樣的念頭都是剎時間湧現的，大多數的時間，他寧可全心投注於傳教工作，在寂寥的黑夜，在冷清的早晨，他總是把自己埋在忙碌的工作裡，讓自己不再胡思亂想。慢慢的，感情便緩緩地猶如冰封整個大地一般。直到張蔥的出現……

也許是在禱告中，上帝的旨意讓他動了凡心吧！幾經考慮後，馬偕決定迎娶張蔥。對於這段獨特的異國婚姻，他從不曾對外說過什麼，就連在自己的日記裡，也僅以「5月27日禮拜一（1878），今天我在英國領事館與張聰明小姐結婚，領事夫人、道先生、林格醫生，以及其它一些人都在場觀禮」寥寥數語帶過。

馬偕牧師與張蔥結婚後，隨即展開蜜月旅行。不過，與其說這是「蜜月」，

倒不如說根本就是一趟北台灣「傳教之旅」。馬偕在6月12日寄給友人麥威廉的信上，是這麼說的：

「5月我和一位漢人婦女在淡水由英國領事證婚，後立即和妻到鄉下訪問各傳道站。……6月7日南下，晚間抵中壢，滿身濕透，腳起水泡。8日步向紅毛港，再遇雨傾盆而淺，自妻所坐的轎溢出，而轎夫被吹倒泥路旁，一路無法獲得飲食。」、「11日上午出發……雨連續不斷地下，四個轎夫抬轎渡河，其中一個竟被水沖走，他在水裡浮了若干距離，順流游泳而保了一命。」這趟名為蜜月、實為傳教的旅行，經歷了狂風暴雨吹倒新娘子的

馬偕憑藉著虔誠的信仰，跋山涉水只為將福音傳到人們耳中。

轎子、渡河時幾乎慘遭淹死等驚險的過程，但這對新人還是勇敢地克服了一切困難，圓滿達成任務。此行兩人並沒有享受到什麼浪漫的情調，卻可能多了幾分同甘共苦的心情。

麻雀變鳳凰

從當時的社會環境與氣氛來判斷，馬偕與妻子張蔥的婚姻，雖然還不致於「驚世駭俗」，但也算得上是「特立獨行」。為什麼呢？

首先，馬偕是個道道地地的白種人，他決定迎娶黃種女子為妻的決定，在加拿大的家鄉與教會並不是沒有雜音。其次，馬偕結婚時已年屆三十五，而張蔥那時不過是個十八歲的年輕女孩，年齡上的懸殊，也曾引起疑慮。再者，馬偕是名門將軍的後代，家世頗為顯赫，自己又

是學問淵博的學者，稱得上是「黃金單身漢」；反觀張蔥卻是個家境不好、又不曾受過教育的「媳婦仔」，兩人的社會地位有如天壤之別。所以他們兩人的結合，確實跌破不少人眼鏡。

不過後來的一切，都證明了馬偕的慧眼獨具。原名張蔥的偕師母，因馬偕覺得「蔥」只是菜名，沒有什麼意思，替她改名為「聰明」。而冰雪聰明的偕師母，也用行動證明自己果然「人如其名」。曾與偕師母接觸過的人都說，她雖沒有念過書，但非常聰慧，也很有知識，還會說英文。她的性情溫柔，是個標準的賢內助，即使在嫁給馬偕後，曾遭到厭惡基督教的群眾擲火把偷襲，生命安全數次受到威脅，卻始終不為所動，反而更堅定了傳揚福音的信念，令馬偕對她十分感佩。

當時台灣女性深受傳統禮教的束縛，不能隨便出現在公眾場合，因此一般會到教堂的多半是男人，女人通常只有小貓兩三隻，而且大都是年長的婦女。但自從張聰明當了牧師娘後，時常探訪住在教堂附近的家庭，鼓勵女性走出家庭參加聚會，還教女性吟唱詩歌，在帶領教會、訓練信眾方面的表現都很出色，令人刮目相看。馬偕在寫給外國友人的信上說到：「看見未曾踏入禮拜堂的婦人們出席，聽坐在她

↑ 生於加拿大的蘇格蘭移民家庭，馬偕十多歲就立志海外宣教，為主奉獻。

← 張聰明（左）以及馬偕（中）一同安眠在淡水的家族墓園裡。

們中間的妻子談『救贖的愛』的故事，而過去不敢坐在前面的婦女，現在也勇敢地和妻並坐在前面了……」

馬偕婚後育有二女一子，兩個女兒都嫁給馬偕的弟子，獨子偕叡廉則是繼承父志，在台北從事宣教工作。1901年6月，馬偕因咽喉癌病逝於淡水寓所；二十多年後，張聰明亦因病過世，享年六十五歲。

在這段維繫了二十多年的異國婚姻中，馬偕或許不曾在外表現過對妻子的感情，但這並不就表示他不懂得愛，因為在現實生活中，他始終緊緊守著養女出身的妻子，不離不棄，這似乎就足以告訴我們，那是一個何等動人的故事了。

傳教士之愛

自從十六世紀末義大利耶穌會神父進入中國傳教以來，西方傳教士常被指控與女信徒「濫交」，不時還會發生民眾砸毀教堂、圍毆傳教士的衝突。事實上，這些子虛烏有的指控，恐怕都是男性沙文主義作祟的結果。

在男尊女卑的中國文化裡，女人不能與男人平起平坐，但在教會裡，女性卻享有與男性同等的權利，還可公然與男人見面說話，這對向來視女人為私財的中國男人來說，自是無法忍受。所以很多教案的發生，都只是源於男人看到婦女走進教堂，心生不爽便蓄意滋事。

另外，基督教的教義裡規定「信與不信，不能同負一軛」，意思是信徒不能與非信徒結婚，也挑戰了傳統的婚姻觀。有人深恐教徒通婚會引起亡國滅種的危機，因此對基督教十分反感。後來中國人發現，如果要置傳教士於難堪的處境，攻擊他們的道德操守是最簡單的方法，因此傳教士常被憑空指責與女信徒「濫交」，就是這個道理。

據說當年馬偕決定與張蔥結婚，曾引起傳教士們的非議，他們擔心馬偕與女信徒結婚，會坐實社會對他們「性道德低下」的指控。但日後馬偕夫婦和樂的婚姻，證明這種愚昧的偏見純屬多餘，也逐漸改變了人們對外國傳教士的負面印象。

⬆ 高長(左)與平埔族妻子朱鶯。

台灣第一位漢人傳教士高長，在同治年間深入中南部沿山及中央山脈的聚落，並娶了自己的女教徒、平埔族女性朱鶯為妻。或許是因高長並非金髮碧眼的「洋鬼子」之故，他們的婚姻並未受到外界太多責難，反而更有利於部落的傳教工作。高長的後代子孫中，也產生了不少牧師，例如70年代末期因美麗島事件被捕入獄、台灣基督長老教會的高俊明牧師，就是高長的孫子。

門戶對不對

因為「聯姻」而時常出現一些「門當戶對」的文化與地位因子，得以將這些家族的喜好、利益串連在一起，構造出一種特殊的階級、族群品味與日常生活習性，一般人恐怕難以模仿也不易穿透。

—— 張茂桂〈深索台灣權力統治的三把入門鑰匙〉

魏晉南北朝以來，「門當戶對」一直是中國人十分注重的婚姻觀。千百年來，許多曾有過夢幻、有過理想、渴望戀愛的年輕男女，在面對愛情與階級的衝突之際，只能默默地接受家族安排的門第相當、卻不一定具有感情基礎的婚姻。

馬偕博士在台灣傳教的期間，對台灣人在論及婚嫁時，多半仍憑媒妁之言，講究門第階級這種風氣十分不以為然。他自己首先打破門戶之見，娶了養女出身的張聰明為妻，平時也教導信眾摒除這種封建思想。然而還是有許多世家大族，或許是為了確保家族的地位與權勢，堅持維持著傳統的門戶之見。有些大家族因為聯姻，形成綿密而繁複的政商網絡，直到今天都還具有相當的影響力，細數自清代以來幾個有名的世家大族，彼此間幾乎都有著複雜的親戚關係。

豪門一家親

來自於福建漳州、發跡於林甲寅的

霧峰林家，號稱是「台灣第二家」，與板橋林家堪稱是清代台灣的兩大家族。霧峰林家在開墾台灣初期，曾協助清廷平定地方械鬥叛亂有功。1884年法國侵台時，更曾率兵在基隆擊退法軍，深受清廷肯定。劉銘傳擔任台灣巡撫後，授予林家全

辜顯榮的第一任妻子(左)也是鹿港施家的千金。

43

台灣的樟腦專賣權，從此林家成為一代巨富，不僅各方名門閨秀搶著想要做林家媳婦，士紳名流亦以能娶到「阿罩霧小姐」（「阿罩霧」即今台中縣霧峰鄉，「阿罩霧小姐」則是指林家女兒）為榮。

不過家大業大的霧峰林家，不曾積極透過聯姻的方式拓展財力（除了曾藉由一次聯姻關係，以緩和漳泉械鬥），反倒是在政治運動上多所作為。清政府割讓台灣給日本時，林家子弟率眾義勇抗日，還在福建各地參加國民革命運動，尤其是「台灣文化協會」的林獻堂，更是赫赫有名的抗日人物。只不過在台灣光復後，隨著林獻堂的遠走日本，霧峰林家的輝煌時代也就告一段落了。

至於板橋林家，也是台灣早期政商關係最為雄厚的家族。到了第四代林維讓、林維源兩兄弟的時候，將林家聲勢推到最高峰，更與清朝名臣盛宣懷頗有交情，曾有人以「毘陵之盛，台灣之林」

形容盛、林兩家富可敵國的財富。當時盛宣懷在蘇州蓋了一座名聞遐邇的園林「留園」，林維源在參觀之後大為稱讚，決定模仿「留園」另造一座花園，就是現在位於板橋的「林家花園」。後來林維讓的長孫林熊徵娶了盛宣懷的女兒為妻，兩個大家族更為緊密。至於林維讓的二公子林爾康，則是娶了宣統的師傅、陳寶琛的妹妹陳芷芳，豪門大宅一家親。

盤繞交錯聯姻網

鹿港丁家也是在清代即富甲一方的大戶人家，來台第二代的丁克家以創立商號「丁協源」致富，培養丁家子弟受良好教育，其中以排行第六的丁醴澄在光緒年間榮登進士最為著名，並成為鹿港的領導階級。台灣割讓給日本之後，丁家一度發

鋮與顏梅結婚時也是由辜顯榮擔任證婚人。至於辜顯榮的兒子辜振甫的外祖父是陳寶琛，姑父則是盛宣懷，辜振甫娶的是清末大思想家嚴復之子嚴琥的女兒嚴倬雲。嚴倬雲的母親是板橋林家後代，而嚴倬雲的哥哥嚴僑，則是娶了板橋林家的林倩、也就是自己的表妹為妻，大家族間纏繞而交錯的嫁娶關係，令人咋舌。

辜家即使是到了第三代，仍維持著政商聯姻的傳統。辜振甫的二女兒辜懷箴嫁給華夏塑膠集團的趙元修，三女兒嫁進嘉新水泥張家的張安平。辜振甫的侄女辜麗卿嫁給前國防部副部長陳守山的堂兄陳守寶，而陳守山的兩個女兒則分別嫁給台塑集團王永在的兒子王文潮、以及社會名流許丙的兒子許敏惠。從此，辜家與台灣最大的實業集團台塑王家，亦有了姻親關係。

上流社會人士為了維持血統與門面，通常會選擇門當戶對的世家豪族結為親家，這些婚姻可能是基於家族政治與經濟上的考量，卻可能漠視了年輕男女個人

展受挫，所幸丁家始終秉持著重視教育的原則，子孫都很爭氣。後代丁瑞彬娶了鹿港辜家長女辜敦治，丁瑞鋮則是娶了基隆顏家的小姐顏梅，間接造就了後來丁家再興的局面。丁瑞彬晚年曾回憶起迎親當天，原本只在同一條街上的兩戶人家，由於嫁妝數量相當可觀，迎親隊伍足足繞了鹿港鎮內一圈，前頭已經回到了丁家門口，行列後頭竟還在辜家正要起步，可見當年大家族聯姻的場面之盛況。

至於鹿港辜家，素來以擁有龐大的政商關係而聲名遠播，在台灣向來是數一數二的世家。他們與其它豪門的聯姻網絡，亦十分可觀。辜家老當家辜顯榮的第一任妻子是鹿港施家的千金，長女辜敦治嫁給同是鹿港望族丁家的丁瑞彬，丁瑞

霧峰林家積極參與政治及抗日運動，林獻堂也曾在文化協會活躍一時。

鹿港進士的後代丁瑞彬（後立者）與同為鹿港大家的辜家長女辜敦治（坐者）聯姻，兩大家族關係密切。

鹿港在清代是台灣跟大陸貿易的主要港口，貿易的興盛也帶動了鹿港當地商業及都市的蓬勃發展。

鹿港辜家的大家長
辜顯榮（左二）與
他的女婿們丁瑞彬
（左一）、黃逢平
（右一）、陳棧治
（右二）。

的意願，對世家子弟來說，未必是個理想的彼岸。但隨著時代的演進，新一代豪門子女的擇偶條件也逐漸有所改變，甚至於完全不在意外人的眼光，勇敢追求平凡單純的愛情。世家子弟與千金小姐結婚之後，是否過著幸福快樂的生活？我們無法得知；但可以相信的是，他們對於追求幸福美滿婚姻，和凡夫俗子們一樣，皆有著相同的幸福企盼。

鮮花與牛糞

千金小姐為了愛情，不顧家庭的百般阻撓，寧願放棄一切的榮華富貴，毅然下嫁窮教師的故事，不只是出現在小說情節裡，也曾發生在現實世界中。位於淡水鎮的「牛糞愛情紀念館」，紀念的就是發生在半個世紀之前，一段打破「門當戶對」觀念的美滿婚姻。

「牛糞紀念館」的創辦人陳順隆，年輕時是個窮教員。四十多年前，他與礦業鉅子千金李桃相戀，但李桃的家人基於「門當戶對」的理由，堅決反對兩人的婚事，並將李桃許配給另一位大戶人家的少爺。沒想到李桃竟不顧家人反對，堅持要和陳順隆在一起，外人笑她是「一朵鮮花插在牛糞上」，從此陳順隆「牛糞」的綽號也就不脛而走。

後來陳順隆在股市發跡，「牛糞」一步登天成了黃金，並決定在淡水成立紀念館，做為夫妻倆愛情的見證。館內的一草一木，都是陳順隆親自動手布置的。入口玄關的地方，擺著一個女偶跪在地上，向坐在椅子上的女偶請求，代表當年李桃懇求母親答應她下嫁陳順隆的情景；人偶的後方則是一朵嬌豔欲滴的花朵，插在一坨牛糞上面，象徵兩人不被家人祝福的愛情。櫥窗裡擺著一只斑駁的銅質戒指，是陳順隆與妻子的定情之物。因為當年只是個窮酸教員的陳順隆，根本付不起結婚費用，都是由李桃自掏腰包，而陳順隆唯一買得起的，就是這只在路邊攤選購的戒指。

遺憾的是，就在「牛糞紀念館」即將正式開幕的前四天，陳順隆竟因車禍撒手人寰，留下這個特別的紀念館，見證這段令人動容的愛情故事。

女人守空閨

一鉤新月淡黃昏，環珮聲殘冷墓門。
行經桂山山下路，落花無數美人魂。

—— 連橫為五妃廟所作絕句

在冠冕堂皇的「貞節牌坊」下，曾經割裂了多少女人的夢想？葬送了多少女人的青春？

過去，曾有無數的女子在丈夫死後，她們的愛情生活，也等於被判了死刑。她們迫於社會輿論與道德壓力的箝制，只能靜默地獨守空閨，忍受沒有愛情滋潤的苦楚，至於流淌於體內暗藏的慾望與感情，她們從不願正視，也不想正視。在「三從四德」、「三貞九烈」的要求下，她們鎖住了仍猶年輕的血肉之軀，守著貞節也守著孤獨，靠著昔日甜蜜的記憶存活下去……僅為了滿足父權社會所要求的「婦德」！

禮教吃人

隨著清廷對台統治機制的漸趨完備，逐漸培養出一批深受儒家思想影響的鄉紳階級。他們要求女人永遠忠誠於丈夫，並宣揚「守住貞節，比守住生命重要」的封建思想。當時法律規定，如果丈夫沒有子嗣可以休妻納妾，生不出子嗣的妻子必須主動為丈夫納妾以延續後代。此外，法律對婦女再嫁亦是極力貶斥，規定再嫁婦女不得隨著丈夫受封，兒子做官也不得及於再嫁母親，有的家族甚至還規定女子再嫁若無子嗣，在名分上只能被當做妾，不能被寫進族譜裡。此後，女人便成了貞節、奉獻、認命與自我壓抑的代名詞。愛情之於她們來說，只是虛無的幻夢，婚姻對她們而言，只是道德的枷鎖。

延續著宋、明以來的父權思想，清廷亦十分致力於表彰貞節婦女，只要是未婚夫死後終生未嫁、終生守寡不事二夫、或是遭人輕薄抵死不從的女

加諸在女性身上的壓力，不只來自於男性，更有來自於上一代固守傳統的女性。

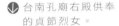

台南五妃廟是紀念明朝寧靖王的五個侍妾，為了追隨他的腳步而自縊的「貞節」故事。

台南孔廟右殿供奉的貞節烈女。

大甲貞節媽牌坊。據說林春娘曾被賣貨郎偷摸了手，不見容於上天，刻有雙龍拱聖旨的石材一度嵌不上去。

性，都會被列入表彰名單。我們從朝廷表彰貞節女子人數的不斷上升，便可看出後來台灣社會的婚姻行為與貞操觀，與清領初期有很大的變化。1691年蔣毓英修《台灣府志》的時候，僅列了貞節烈女六人，而且這些人多半是鄭氏王朝上流社會的女性；1760年余文儀再撰《台灣府志》時，被列入的烈婦、節婦、貞女與烈女則已多達五十三人。到了1894年，光是高雄鳳山縣一地便有節烈孝貞女子高達一百二十八人！可見在道德輿論與社會壓力的規範下，「貞節烈婦」的增加速度是多麼地驚人！

除了表彰貞節烈女以起示範作用之外，父權社會更刻意塑造了若干「貞節烈女」的典範，來強化婦女終身不二的倫理觀。

台南的五妃廟，紀念著明寧靖王的侍妾袁氏、王氏、秀姑、婢女梅姐及荷姐等五人。寧靖王朱術桂在鄭克塽軍隊降清後，自知大勢已去，便決心殉國，五位女眷得知寧靖王的心意，亦決定同時自縊，

以表明追隨寧靖王的決心。只不過這段歷史並不特別為後世所注意。直到清乾隆年間巡台御史范咸為強調「婦女守節」的重要性，決定建造「五妃廟」來表彰她們的貞節德行，才使得這段被人們淡忘的故事，再度浮上檯面。

台中大甲鎮瀾宮的「貞節媽」，也是強化婦女貞節觀的又一例證。「貞節媽」指的是乾隆年間的大甲女子林春娘。相傳林春娘的夫婿在沒成親前便溺水過世，童養媳的林春娘在獨守空閨之餘，仍恭敬侍奉瞎眼的婆婆，為了避嫌從不踏出家門一步，還主動為夫家立嗣延續香火。未過門的媳婦一肩挑起持家養家、傳承煙火的孝行德性，非常符合社會對「完美女性」的認定，因此地方鄉紳為她設立節孝牌坊，來表彰她的孝行德性。

據說當年為林春娘設立牌坊時，只剩下頂上刻有雙龍拱聖旨的石材，工匠無論如何嘗試都嵌不上去。後來有人聽說平時大門不出、二門不邁的林春娘，曾隔著窗子向賣貨郎購買針線，因賣貨郎一時動心，偷偷摸了林春娘的手，不見容於上天，才會阻止為林春娘設立牌坊。地方父老因此趕緊到廟裡上香，將事情原委向神

明解釋清楚，想不到石材竟馬上順利地嵌上去了。

若干年後，林春娘的故事還出現了更玄妙的版本，民間傳說她曾三次為士紳祈雨，還成功地擊退民變。此外若是大甲地區出現乾旱，只要把這位「貞節媽」請出來祈雨，次次靈驗。父權社會為了渲染「貞操」的無上價值，竟把守貞犧牲的可憐女子，塑造成能呼風喚雨的「神格化」人物。說穿了，這整套「貞節媽」神話的建構，只不過是為了讓男性控制女性的貞操罷了。

其實，在不動如山的傳統社會裡，維護貞節、要求奉獻的，又豈止是男性而已？母親苛求守寡女兒不得改嫁，婆婆虐待媳婦說她不守婦道，女人沿用男人的價值觀來宰制女人，只是讓自己成為男性的牛馬與奴隸、讓原有的父權體制更為頑強鞏固而已！然而絕大多數柔弱的女子既無力反抗，只有靜靜地守著貞操，默默地守著孤獨。她們沒有選擇的餘地，也沒有後悔的權利，因為她們的青春、愛欲、對愛情的嚮往、以及對婚姻的憧憬，早在一只「貞節牌坊」下，一併被埋葬了。

⬆ 大甲貞節媽的故事除了在民間廣為流傳外，林春娘也被民眾神化，供奉在大甲鎮瀾宮內。

流傳萬世節孝坊

清代在台符合建坊條件的貞節烈女不乏其人，但建坊者卻不多，原因是申請建坊的條件相當嚴苛，必須要有地方上有頭有臉的士紳共同連署，再經過官方審核通過才准予以建坊。不過，由於官方只補助一小部分經費，多數家庭因無力負擔而沒有申請建坊。因此人們所能見到的節孝坊，多半是取得功名利祿的子孫、或是富家子弟為家中烈女所建的。

清代竹塹城曾有四位女性獲清朝笙表立坊，分別是位於石坊街的楊氏節孝坊、農業改良廠舊址旁的張氏節孝坊，浦雅街左側的蘇氏節孝坊、以及北門國小旁的江氏節孝坊。其中江氏是因丈夫過世看剪舌自盡，朝廷竟然會還為了「殉情烈女」樹立牌坊表彰行誼，禮教吃人可見一斑。

台南府前路一段的「蕭氏節孝坊」，是昔日台南府城七座表彰貞節孝順牌坊中，唯一被保留下來者。台北的黃氏節孝坊現位於二二八紀念公園、國立台灣博物館東側，是一座典型的四柱三間石牌坊。此外，台灣各地還有為數不少的節孝坊，但大都因年久失修而毀壞殆盡，如今多已不復見。

男人瘋外面

見其（藝妲）身穿流行洋裝，髮蘊曲折型小髻，頗似西方美人。
其溫文爾雅，態度天真，具以大家之風，絕無妖冶之氣。

—— 《台灣藝術新報》

出身風塵的女子，
有著不同於良家婦
女的韻味，使得追
求新鮮與刺激的男
子趨之若鶩。

許多男人曾對婚姻有著遙遠而空茫的幻想，他們在婚前想像愛情的甜美，但後來可能在父母之命、媒妁之言的強迫下，走進沒有感情基礎的婚姻之中。然而婚姻的枷鎖未必會讓人失去做夢的能力，生命中某些無解的困頓，讓妓院成了開啟男人熱情的起點。他們在這裡並不只為了滿足生理需求，而是為了追求精神的滿足。

柳巷風情

由於清代以來渡海移墾的羅漢腳需求，風月場所極為普遍。入夜之後燈火通明，渡口或熱鬧市街的娼寮妓院，間間座無虛席。道光年間，北台灣的艋舺一帶商船雲集，靠近一號水門的蕃薯市街、凹斜仔街（現在華西街附近）以及大稻埕（現在延平北路一帶）等地，是酒樓、娼寮的集散地，到了日據時代仍是如此。1902年第50期的《台灣協會報》曾寫道：「文士、官吏、商人、勞工以青樓裙酒肉食為唯一的快樂，大家均醉心於此的新本土性、野戰性。」精力充沛的男人在這裡盡情地發洩，夜夜流連於肉慾市場，一擲千金，也讓妓女的身價日益高漲。

通常在風月場所討生活的女性分為兩種，一種是以賣身為業的「賺食查某」，另一種則是陪酒唱曲的「藝妲」。由於藝妲必須從小培養，娼家喜歡收養八歲到十來歲大的漂亮女孩，再請師傅教授吟詩填詞、彈琵琶、唱曲、書畫等技

藝。除此之外，像是嫵媚之術（體態姿勢、音容笑貌）、應酬功夫（交際手腕圓融，詞令雋永令人難忘），也是藝妲的必修功夫。這批出身風塵的女子，以前衛的創新風格，走出不同於良家婦女的特殊風華，對於想在婚姻之外追求新鮮與刺激的男人來說，非常具有吸引力。

要成為一個色藝兼具的藝妲可不容易，她們的才藝需要通過正式考試，才能「掛牌」營業。日治時期要成為正式藝妲，得先通過政府設立的檢查單位「檢番」舉行的考試，由出考官出面點唱。大調小曲任憑主考官出題，應試的藝妲要通過這樣的考驗，才能夠取得藝妲的「鑑札」（執照），正式對外招徠客人。

除了官方對藝妲有諸般要求，深諳此道的客人也常透過點唱來測試藝妲的才藝。據說以前中部的客人對南管曲目十分熟悉，常會一時興起，當場點唱來考驗藝妲，要不被客人考倒，才算是夠水準。因此有不少藝妲不斷努力求上進，以維持自己的才藝與聲名於不墜。也因為這樣的緣故，這些大多出身養女、童養媳的女子，也就比一般下層社會的女孩，多了一些受教育的機會。這或許是她們藝妲生涯中不幸中的大幸吧。

藝妲在養成的過程中，練就了一身的才藝與學養，對客人也非常挑剔，看不順眼的不接，非熟客介紹的不接，話不投機、言語粗鄙的不接，規矩非常多。但是即使如此，才學兼具、別具風情的她們，還是很受到士紳、富商與文人階層的喜愛。有些文人遇見了心儀的藝妲，還會寫詩作對送給她們。從文人留下的詩作當中，更可一窺他們與藝妲之間交遊來往的若干片斷。

一代香禪

曾被喻為「自清兩百餘年來，台灣才女之一」、人稱「藝妲中的藝妲」、「詩妓」的王香禪，是當年台南最著名的藝妲。她從小在艋舺名妲的養母董仔治的栽培下，精通琴棋書畫，擅長吟詩作對；再加上天資聰穎，好學不倦，容貌雖不至國色天香，但談吐不俗，舉止落落大方，很快成為名聞全台的青樓──「寶美樓」最炙手可熱的藝妲。

據傳台南「風流舉人」羅秀惠、滿州國第一位外交總長謝介石以及《台灣通史》作者連雅堂等人，都曾經愛上人稱

藝妲必須從小開始培養，除了交際手腕，琴棋詩畫也得樣樣精通，才能贏得文人雅士青睞。

許多藝妲其實都是出身於養女、童養媳的貧苦身分。

「女狀元」的王香禪。尤其是王香禪與連雅堂那段似有若無的感情，更為人所津津樂道。

王香禪與連雅堂兩人的關係到底是什麼？有人認為連雅堂純粹只是欣賞王香禪的才藝，兩人頗有相知相惜的交情；也有人認為他們確實曾發生戀情，而且王香禪更曾表明願意成為連雅堂的妾室，只是兩人社會地位差距太大，無法見容於豪門大戶的連家，因此這段苦戀最後並沒有結果。不過，從王香禪與連雅堂相互唱和所留下的詩作裡，還是可以窺得兩人間的深情厚意。

據說，連雅堂與王香禪曾在中國相遇，當時連雅堂打算離開吉林回台，但王香禪卻作詩挽留他：

> 數株松竹經精廬，絕色天花伴著書；
> 此味年來消受慣，秋風底事憶鱸魚。

不過連雅堂亦作詩贈予王香禪，以表達他想返台的意願：

> 小隱青山共結廬，秋風黃葉夜擁書；
> 天涯未老情未減，且向松江食鱸魚。

無論王香禪與連雅堂有多麼深厚的交情，彼此之間互相酬唱，留下多少動人的詩作，終究還是不敵現實世界的壓力。眼見連雅堂並沒有迎娶她的打算，王香禪在花花公子羅秀惠的熱烈追求下，決定與羅秀惠在一起。只是沒想到羅秀惠婚後不改風流本性，竟移情別戀愛上了台南才女

文人與藝妲之間的交遊，寫下了不少讓人津津樂道的風流韻事。

蔡秀吟，開始對王香禪拳打腳踢，王香禪在傷心之餘，默默地離開了羅秀惠。

王香禪揮別傷痕累累的情愛，據說晚年僅靠著刺繡女紅的微薄收入，寂寞地度過了下半生。至於昔日一代藝妲的風光、與文人雅士的交遊，那些風華鼎盛的青春記憶，早就隨著時間而消逝了。

繁華雲煙

不過也有些幸運的藝妲，出道不久就遇上了真心相待的男人，得以擁有美好的歸宿。有「阿好姨仔」之稱的李菊，堪稱是幸運兒中的幸運兒。因為她在覓得良人之後，更憑著一己的智慧與才華，開創出自己的一片天地。

七十多年前，李菊是高雄鹽埕區高雄樓的紅牌藝妲。人長得漂亮，精通南、北管以及詩文，日文與漢文也都非常熟稔。她的個性十分豪爽，為人不拘小節，有情有義，黑白兩道都非常敬佩她，是頂頂有名的「大色藝妲」。在工人一天工資不過一圓的時代，要李菊陪酒一次就要價五圓，是身價很高的藝界名花。

「名妓」的封號固然吸引人，但終究不敵愛情的魔力。在鹽埕區望族馮課的殷勤追求下，李菊拋棄了如日中天的藝妲生涯，決定嫁給馮課為妾，從此洗盡鉛華的她隨著夫婿，過著尋常人家的平凡生活。

然而「平凡」的生活，畢竟與「不

平凡」的李菊並不相襯。馮課因病過世後，帶髮修行的她曾參加省議員選戰，最後雖然落選，但在女權不振的保守年代裡，李菊以紅牌藝妲的出身，首開港都女性問鼎民意代表的先河，轟動政壇。敗選之後，她決定徹底擺脫紅塵俗世，正式皈依佛門，法號「開種」，意即「開荷如來家業，種此一大因緣」，積極從事佛法宣揚與社會公益，當年走過的繁華煙雲，至此也劃上了句點。

藝妲年輕時在風塵裡輾轉，運氣好一點的可以覓得如意郎君遠離風月場所，擁有正常的家庭生活。也有風光一時，年老色衰後看盡人情冷暖，感歎自己人生毫無意義，自殺身亡的也不在少數。最為不幸的藝妲，則是在人老珠黃以後別無一技之長，只有淪落到民間的私娼寮，過著出賣皮肉的生活，在不同的男人之間流轉又流轉……。

清道光年間興起、前後長達半個世紀的藝妲文化，隨著台灣社會的轉型，在二次戰後就悄悄消聲匿跡了。只有部分殘存的詩作，以及口耳相傳的故事，為昔日在令人窒息的婚姻生活裡找不到情感出口的男性，與風華絕代的藝妲間的交遊與情誼，留下永恆的見證。

↑ 藝妲雖然流轉於紅塵之中，若能即時洗盡鉛華，常也會有美好的歸宿。

藝妲情報

為了招徠客人，娼館會在流行刊物上，刊登店裡藝妲們的照片以及個人資料，包括了年齡、興趣、專長、地址等，以吸引客人登門造訪。像是日據時代《台灣藝術新報》的「稻江花柳」專欄，就曾經刊登蓮卿、阿英、玉英、以及玉鳳等大稻埕藝妲的廣告：

「甫登樓。早有堂倌導入一室。雷光四射。或紅或紫。迷人眼線。堂倌遂安排杯箸。注文點菜。少頃。曲師亦至。請綺霞點花入局。綺霞乃曰。樸聞貴閣小雲英芳名。如雷貫耳。傾慕久深。屢欲瞻仰仙姿。由恐鄙陋無文。莫由晉謁。今幸滄香君說起。故不揣冒昧。特來相訪。未識可容俗士班荊。一親香澤否。……見其身穿流行洋裝。髮熨曲折型小髻。頗似西方美人。其溫文爾雅。態度天真。具有大家之風。絕無妖冶之氣。」

另外，1935年創刊、自詡為「茶餘飯後的消遣品，是文人墨客的遊戲場」的《風月報》，除了刊載純文學的小說、詩文與雜談之外，也以「風兒月姐」的好朋友自居，報導藝妲動態，也報導文人與藝妲的風流韻事，為文人造訪風月場所的事跡，留下不少珍貴的記錄。

時間不沉默，更不寂寞

1895的日本人

帶著一紙合約來到島嶼台灣

這裡有嚴峻的北風

但有時也吹著新鮮、自由的空氣

不久，男人剪掉髮辮

女子解開了纏足

更有人私定終身、夜奔、同居

這到底是什麼樣的時代

讓人有了相愛的勇氣

愛在太陽旗

如能和有著無與倫比的柔順和教養深厚、而又美麗如花的內地人姑娘結婚，把自己的壽命縮短十年或二十年，都不會埋怨的呀。

—— 龍瑛宗《植有木瓜樹的小鎮》

愛情，是生命的甘霖，是心靈的泉源。多少年輕男女乾渴的心有如枯井一般，靜靜地等待著泉水的湧出。然而在政治的陰影下，個人的生命與情欲，似乎都顯得渺小而微不足道。

於是，有人鎖住了血肉之軀對愛情的渴望，拿愛情作為賭注，透過獎勵式的婚姻，將自己奉獻給與國家改革有關的「崇高理想」，而這個國家，並不是台灣，而是日本！

近代日本國家的建構，非常強調血統的純粹性，他們主張應將優良而健康的日本人滲入國體，以維持大和民族的萬世一系。自從1895年統治台灣以來，日本人一直秉持著這種血統論，並從人種衛生學的角度，主張基於人種優生、增強人種體格、避免人種退化與變質等理由，嚴格禁止台灣人與日本人通婚。

娶妻躍龍門

之後隨著日人在台定居人口增加，

◆ 施乾無私奉獻的義行，讓名門閨秀的清水照子，決心下嫁，成為施乾最好的左右手。

◆ 龍瑛宗在《植有木瓜的小鎮》中，細膩描述了當時台灣男子娶日本妻子的心情。

為加強殖民地熱帶環境衛生、以及促進殖民地的經濟繁榮，以便穩定在台日人的經濟基礎，日本政府將原本僅在本國施行的「內地法」（就是日本本國法）引進台灣。此後，除了實行「內台共學」，讓日本人與台灣人可以一起求學，鼓勵台灣人參與政治事務，1933年更正式頒布「台日人通婚法」，鼓勵台灣男子與日本女性結婚。一時之間，吸引了不少台籍男性想藉由娶日本妻子脫離自身的窘境。

日治時代著名的台籍作家龍瑛宗，在他的成名作《植有木瓜樹的小鎮》裡，對於台籍青年想娶日籍女性的心情，有著以下生動而細膩的描述：

「看到在庫房似的月租三圓的土房間，背靠著竹製台灣床的陳有三穿和服的身姿，實在是挺滑稽的景象。雖然也許是個虛妄的希望，但是如果有機會的話，就和內地人的姑娘戀愛並結婚吧。不是為此才頒布內台共婚法的嗎？」

「不過要結婚，還是當對方的養子較好。戶籍上要是成為內地人，如果在官廳工作就會有六成加薪，其他各方面也都會有利益。不，不，就算把那種功利的考慮摒棄於外，如能和有著無與倫比的柔順和教養深厚、而又美麗如花的內地人姑娘結婚，把自己的壽命縮短十年或二十年，都不會埋怨的呀。然而這麼少的薪水，不是無可奈何的嗎？對，要用功，要努力，那才是解決境遇的一切吧。」

為何會想娶一個語言、文化、生活習慣都與自己相異的女人作為妻子？更何況，這個妻子還是個「統治階級」的「殖民者」？對於許多出不了頭的台灣男子來說，藉由與日本妻子結婚取得日本國籍，似乎是眼前最好的出路，即使遭到親朋好友異樣的眼光，也只有裝作不以為意。因為，早已被現實生活折磨殆盡的他們，對於愛情從來不敢有深情的憧憬，對於婚姻更不曾有過不切實際的想像。配合殖民者的政策娶日本女子為妻，並不算是違背自己的心情，既然是心安理得，也就從來沒有後悔過。不過，選擇與日本女人結婚，可能是只是順應統治者的政策，也可能是發自內心深處的真情，施乾與清水照子的婚姻，就是最好的例子。

愛是不辭辛苦 ── 清水照子與施乾

出身淡水富貴人家的施乾，曾在台灣總督府任職。一次他被主管奉派去調查艋舺地區的貧戶，發現當地為數眾多的乞丐生活異常淒苦，遂起了惻隱之心。於是他變賣家產，開設名叫「愛愛寮」的療養院，專門免費照顧乞丐，平日便拖著車子到處找尋乞丐、鴉片癮者、精神病和痲瘋病患，主動載他們到「愛愛寮」休養。

後來施乾的善行義舉被傳揚了開來，獲得日本總督府的多次表揚，還被

↑ 日治後期鼓勵台日通婚，許多台灣男子都想娶個日本老婆來換取更高的社會地位。

↑ 愛愛寮幫助乞丐習得一技之長，圖為寮友們正在「豆腐間」學習如何磨製豆腐。

施乾的義行讓社會
主義者周合源（後
排左一）加入了他
的行列。

施乾(前立者)為這些
被人們遺棄的乞丐
們抓頭蝨。

天皇「御下賜金」。這時，畢業於京都第
二高女、出身富商家庭的日本女性清水照
子，在聽到施乾的義行之後非常感動。透
過親戚的介紹，她認識了施乾，並且對他
的人品及修養感到相當敬佩。1934年，
清水照子不顧家人的極力反對，決心下嫁
給鰥夫施乾，並隨他遠赴台灣，以名門閨
秀之身，協助夫婿照顧社會最底層的乞
丐與流浪漢。

　　原本嬌滴滴的名媛淑女，搖身一變
成了艋舺居民口中的「乞丐母」，很多人
都懷疑，這位來自日本的富家女簡直是被
愛情沖昏了頭，何苦放著好好的大小姐不
做，要飄洋過海來到異國吃苦？但對清水
照子而言，只要能與施乾在一起，做什麼
她都無怨無悔。

　　1944年，施乾因高血壓突然去世，

曾受施乾夫婦照顧的乞丐聞訊蜂擁而至，
出殯時執拂者多達數千人，場面備極哀
榮。次年台灣脫離日本統治，大批在台日
人被遣送回國之際，清水照子因不忍離開
施乾遺留下來的子女，與他照顧乞丐的終
生職志，毅然決定留在台灣，並以「施照
子」的名字繼續主持「愛愛寮」，一直到
2001年去世為止。

　　清水照子一生抱持著神聖的心情，
滿足於生活在施乾的名號之下，即使外界
加諸的榮耀與名聲都傾斜在施乾這一邊，
她也不以為意，因為她的心，始終也傾斜
在他這一邊。從富家女變成乞丐母，清水
照子一生從不曾訴苦、更不曾埋怨，因為
她的內心充滿了對施乾的愛意，也洋溢著
無比的幸福。

愛恨霧社

刺墨卻是野蠻之表彰，由此訓誡子孫永遠相戒，我設亦斷然勦正殺人馘首之惡弊，發誓面部刺青之蠻行永止於此。

—— 佐塚愛佑頒布之〈禁止刺青宣示書〉

權力在握的人，向來只關切主權的轉移與領土的所有，至於人民心靈與文化上的衝擊，顯然都在權力的關切之外。掙脫滿清政權的枷鎖，轉變為日本政府的管轄，並無法讓原住民擺脫被統治的身分，因為對於他們來說，無論是漢人或是日本人，一樣都是外來的統治者。

日人領台後，為了要防範原住民抵抗，除了用物資金錢攏絡部落頭目，也以「和蕃」的婚姻政策消弭抗日意識。他們鼓勵駐紮在原住民部落的「理蕃警察」娶當地頭目的女兒為妻，一方面可藉由締結政治婚姻收集原住民情報，二來也可讓日本警察安心住在當地，不受到原住民排斥。「和蕃政策」實施初期，日人藉由頭目在部落社會的權勢，確實發揮了相當程度招撫的效果。不過，由於理蕃警察始亂終棄、遺棄原住民妻子的事件時有所聞，經常引發族人的共憤，也因而醸成了幾樁抗日事件。

櫻都之淚

自古以來，位於霧社地區的泰雅族社會因為有天然的地理屏障，又加上向來較為封閉，使得漢文化一直被阻絕在外。

日人治台之後，這些從未被異族征服的部落始終恪遵祖訓，誓死驅逐強權。他們在1901年首先發難，突擊日人的隘勇所，殺害日人和隘勇多人，日方出

日警長久以來對原住民的殘暴無禮，使莫那魯道（中）對日人的積怨加深，引發了慘烈的霧社事件。

佐塚愛佑（後立者）因成功執行「內地化」政策而深受肯定。圖中坐者為亞娃伊‧泰目及他們的子女。

動了上千人的武裝力量，強力制壓了泰雅族各部落，設立隘勇監督所，才將騷動一時的「蕃亂」平定了下來。在武力威壓的同時，日人更以懷柔手段加以牽制，而「和蕃」就是他們平亂的秘密武器，其中日本警察佐塚愛祐與泰雅少女亞娃伊‧泰目的婚姻，就是一例，而這段「和蕃」的政治婚姻，也註定了亞娃伊‧泰目將成為戰爭愛情裡的犧牲者。

出身日本長野縣的佐塚愛祐，受到天皇的精神感召，拋下新婚妻子來到台灣，隨著日本總督府「五年理蕃計畫」的討伐隊，在中央山脈深奧山區擔任隘勇監督所長。後來在「和蕃政策」的驅使下，與頭目的女兒亞娃伊‧泰目成婚，成了名符其實的「番駙馬」。

佐塚愛祐憑著岳父的名號與幫助，帶進教育、衛生、產業等「內地化」政策，使得當地文化水平凌駕於霧社其他部落，同時也深受總督府的肯定，後來更榮升為霧社分室的主任。

霧社事件時，兩個原住民婦女魯比‧那威（右）、嘿米莉‧比荷（左）各救了一名日本小島巡查部長的小孩，事後被頒發感謝狀。

莫那魯道的妹妹特娃絲魯道，在丈夫離奇失蹤後，黯然返家。

未受過正規教育的亞娃伊‧泰目在下嫁佐塚愛祐後，起初只是以漠然的態度容忍生活的現狀，她不願去深想，只是盲目地順從，聽天由命。沒想到婚後兩人愛苗漸生，她突然澄清了內心的陰霾與恐懼，肯定地知道該如何為兩人的愛賦予全新的意義。於是，她努力扮演起日人與部落間溝通的橋樑，率先去除臉上的刺青，協助丈夫革除族人的紋面傳統。她所做的一切，都是為了愛的緣故。

其實嚴格說起來，佐塚愛祐並不算是個惡劣的官吏，對地方事務經營也算得上用心。然而外來政權普遍對原住民殘暴無理的態度，還是引起了族人不滿。而背負著統治者罪名的佐塚愛祐，在「霧社事件」中被殺身亡，亞娃伊與佐塚愛祐的五位子女，則是在時代劇烈的變動下顛沛流

離，漸漸為世人所遺忘。她的這段異族婚姻，可說是時代變局下的悲劇！

山神之憤

同樣發生在霧社的另一段「和蕃」婚姻，不僅造成了女人的不幸，更發展成「霧社事件」的遠因。馬赫坡的頭目莫那魯道，年紀不過十七、八歲，就已是極具豪傑性格的領袖人物。當時族人對日人侵占田園、又欺凌原住民女性已深感不滿，而莫那魯道的妹妹特娃絲魯道的日籍丈夫，在前往花蓮港廳就任新職後竟離奇失蹤，從此不見蹤影，而且更奇怪的是，日方卻沒有任何交代。傷心的特娃絲魯道只得默默回到家人身邊，令莫那魯道非常憤慨。同樣是「和蕃」婚姻的日警佐塚愛祐卻因「理蕃有功」，被拔擢升為霧社地區分室主任，妻子亞娃伊‧泰目成了人人稱羨的警部夫人；而被另一位被日警下山治平遺棄的泰雅女子貝克‧道雷，則是在日人安排下於派出所工作。同樣是理蕃警察的妻子，卻有著如此不同的待遇，本已讓莫那魯道為妹妹打抱不平，而日警吉村克己多次玩弄馬赫坡女性的敗行劣跡，更加深了莫那魯

霧社事件中，莫那魯道發動抗日運動所攻擊的霧社公學校運動會場。

道對日人的仇恨。

1930年10月7日，馬赫坡社正舉行一場婚禮，族人殺豬宰羊設宴歡飲。剛巧吉村克己路過，莫那魯道的長子塔達歐莫那便招呼他飲酒，沒想到吉村卻以塔達歐莫那的手太髒為理由，堅持不肯喝酒。一陣拉扯之下，吉村竟然持棍棒痛毆塔達歐莫那，雙方發生嚴重鬥毆。事後莫那魯道親自帶酒謝罪，吉村卻不肯接受，讓身為頭目的莫那魯道非常難堪，雙方

「敬酒風波」當天的婚禮新娘魯比‧巴萬。

特娃絲魯道（左）
與夫婿近藤儀三郎
（右）。

對立的情況更為加深。

同年10月27日，莫那魯道率領大批戰士，分別擊破霧社地區日人的警察局、郵局及宿舍，並且殺死了一百多名日本人，並占領了軍火庫，控制整個霧社山區。總督府發現事態危急，派遣大軍入境鎮壓，經過了一個月的時間，還是無法打敗他們，顏面大失，一怒之下投下化學毒氣彈，原住民死傷慘重。莫那魯道眼見大勢已去，遂自殺身亡，慘烈的霧社事件至此終於告一段落。

殖民無情的狂風，洗劫了山林的命運，而那些風風雨雨在原住民的心靈深處，埋下了無數傷痛的回憶。撥開歷史的迷霧，我們似乎仍能看到那個時代山林裡蒼白的微光，以及在那黯淡光線下，為愛而痛苦、掙扎的身軀。

漢弱原強的婚姻

原住民與日本人通婚，是統治者的政策使然，而原住民與漢人結婚，卻是生活條件導致的結果。

十九世紀末，日本人類學者伊能嘉矩在進行賽夏族調查工作時，曾發現苗栗南庄鄉東河村一帶，有不少賽夏族地主雇用客家佃戶與傭工，有些貧窮的客家人還會將女兒嫁給有錢的賽夏人、或是將養不活的子女賣給他們收養。伊能嘉矩推測這種「漢弱原強」的婚姻並不是個案，而是普遍的情形。伊能嘉矩的判斷並不是沒有道理的。例如在賽夏族傳統的姓氏中，並沒有「黃」姓，但苗栗獅潭的賽夏族卻有人姓黃，原因是曾有黃姓漢人因為家貧，入贅給沒有男丁的賽夏族家庭，但仍保留了原來的姓氏。

另一位日本人類學探險家森丑之助，也曾記錄下漢人因婚姻歸化為原住民的例子。他曾在〈南中央山脈探險〉一文裡，描述在台東海端鄉的大崙坑社（今新武村）布農族部落的見聞：「大崙坑社目前有兩個通事，一個叫林章，一個叫杜阿里萬，都是日本領有台灣以前就落籍於蕃社的漢人，阿里萬的母親是蕃人」。這篇文章的翻譯者楊南郡則譯註表示，日本領台之後，清廷留下來的通事還是照樣出入部落，經營山產交易，最後娶原住民女子為妻，讓自己的後代成為原住民。

根據1933年台灣總督府警務局所發行的《高砂族調查書》，當時原住民與漢人通婚的戶數有1128戶，平均每1000戶原住民家庭，就有4.7戶是原漢通婚，比例非常高，可見漢原通婚在當時已相當普遍。

從聘金到自由戀愛

人欲創造新的生命，而以子孫的形式來永久保存自己，這事惟能成於與異性的結合。於是就生出戀愛來。

—— 張我軍〈至高無上道德——戀愛〉

在傳統舊社會裡，女人有如待價而估的商品，是可以秤金秤兩計算得出來的。而衡量女人「價值」的標準，就是結婚的聘金。

婚約中的麵包

聘金是中國傳統婚俗禮儀之一，人們向來將媳婦娶進門，視為是增加家庭勞動人口的重要手段，因此男方會在結婚時給女方一筆聘金，一方面作為女方過去養育女兒的補償，一方面等於是換取女方為夫家提供勞動力與生產力的代價。所以聘金的存在，多少有「以金錢交換勞動力」的意味。

清廷領台時期，聘金不但被官方法律認可，民間也常以聘

金來判斷女人身價。從當時的婚契內容中可以看到，聘金多寡除了與女性本身的條件（如年齡、家世、外貌）有關，男方也可能會因不同的婚姻類型（如嫁娶婚、入贅婚），而付出價格不等的聘金，使得整樁婚姻有如一場金錢的交易。進入日治時代以後，已進行「法律西方化」工程的日本政府，在台灣使用「舊慣」的法令（「舊慣」指台灣舊有的風

↑ 台灣第一位博士杜聰明，當年沒錢迎娶霧峰林家小姐，連聘金都得用分期付款的方式。

← 聘金，聘禮是傳統婚俗中非常重要的一部分。

○ 杜聰明用堅毅的愛情及豐富學識，終究抱得美人歸。

↑ 在舊時社會裡，日本女子與台灣女子的聘金價碼可是相差很多的！

俗習慣）。不過行政機關及法院在面對實際案例時，則會依據日本法律思想及文化背景，來判斷這些習俗是否適用。在這樣的脈絡下，官方雖強調女性人格應受法律保障，卻又不否定舊慣中的聘金制度，讓它繼續存在下去，因而造成若干問題。例如：當時女學校畢業女子（多半是日本人）的聘金，比起公學校畢業女子（通常是台灣人）的聘金高出許多，不免形成日、台女性地位的差異。

台灣第一位博士杜聰明，據說年輕時為了迎娶霧峰林家的閨女，因為沒有錢，聘金還得分期付款交給岳家。另外，還有些男方因付不出高額的聘金，情侶雙雙跳河自盡的社會新聞，也不時出現在報紙上。聘金制度的陋習，不知拆散了多少

對相戀中的男女！

吹響愛的號角

然而行之千年的封建思想，終究抵擋不了時代的衝擊。隨著大批喝過洋墨水的台籍知識分子的鼓吹與提倡，開始有人公開呼籲廢除落伍的媒妁之言與聘金制度，並主張人們應有戀愛與婚姻的自由與權利。1927年，蔣渭水、蔡培火、謝春木、彭華英、黃周等台籍菁英，在台中市東華名產會社籌組「台灣民眾黨」，黨綱中除了明文規定反對人身買賣，廢止聘金制度，更提倡婚姻自由，主張一夫一妻制，為本地男女自由戀愛的權利，正式拉開了序幕。

此時，戀愛自由不只是社會變革下知識分子的共識，也是新文學創作的重要泉源。例如台灣新文學運動最有力的奠基者——張我軍，就是自由戀愛的身體力行者。當年他與夫人羅心鄉兩人轟轟烈烈的自由戀愛時，促使他寫下了十餘首情詩，其中〈寂〉與〈對月狂歌〉兩首詩還曾發表於1924年5月11日的《台灣民報》。這也是台灣新文學史上，第一次出現的新體白話詩。

張我軍曾經在〈至上最高道德—戀愛〉一文中，發表了他的「戀愛論」。他在文章中說：

「戀愛……跟著文化的發達、兩性關係，自古來經了三個階段以至今日。……古代，視婦女為男子的性慾滿足和生殖的器具的，是男尊女卑的動物待遇。……中世，女人崇拜之極，把她們安在九天的高處的，是因了承認神格，而不認人格於婦女的。……第三階段……發源於近代婦人的自覺的個人主義的思想，……兩性為互相地為補足的作用，……達到了一元的靈肉一致的戀愛觀。」

「橫於一切道德的根柢的自己犧牲這件事，多由著如燒地戀愛著的男女最痛烈地給體驗。……戀愛有著一種高貴是心的純潔的人纔能成的。人的心，是到了曉得戀愛，才被弄淨，被提高，……。」

張我軍認為，因為戀愛是神聖的，是一切道德的根本，更是結婚的唯一條件，選擇配偶應該發自當事人的自由意志，戀愛自由更應得到絕對保障。此外，作家謝春木的小說〈她將往何處——致苦惱的年輕姊妹〉，透過一個三角戀愛的情節，指出父母之命、媒妁之言的婚姻是如何地不合時代潮流，進而提出改革的意圖；施榮琮的〈最後的解決如何〉，則是描述舊式家庭媒妁婚姻的無奈，除了指出父母之命的荒謬，也鼓吹年輕人應該享有自由戀愛的權利。

在政治運動者與新文學運動者的鼓吹與宣傳之下，許多年輕人受到新潮思想的鼓舞，決定棄絕不合時宜的媒妁之言，為爭取婚戀自由挺身而出。他們努力掙脫了家庭的牢籠，為了自己的終生幸福而跋涉。而在跋涉過程中所遭遇的所有挫折，所有痛苦，都被他們當做磐石一般地疊高起來，砌成一顆不碎不滅的信心。因為他們相信，一個平等、自由、開放的戀愛時代，即將要來臨了……。

↑ 張我軍（右）與夫人羅心鄉（左）是自由戀愛的身體力行者。

← 謝春木（前排中坐者）的結婚典禮。他與蔣渭水等人籌組的台灣民眾黨明文提倡自由戀愛。

追求真愛的女性先驅

在謝雪紅的歷史形象前，台灣男性是應該感到慚愧的。

—— 陳芳明《謝雪紅評傳》

⚓ 1925年謝雪紅（前排右二）赴莫斯科留學前夕，與上海大學的同學在上海合影留念。

⬆ 謝雪紅的審判書。

在她驚濤駭浪的一生當中，有人稱她是叛徒，也有人說她是匪幹、逃兵，不過有更多的人則是鄙棄地稱她是不知羞恥的細姨、水性楊花的浪女……。不論別人怎麼辱罵她，評價她，這位名叫謝雪紅的女子，依舊賣力地尋找自己的人生路。風起雲湧的歷史變動，造就了她鋼鐵一般的意志。終其一生，她都沒有表現過灰心或氣餒，因為她相信自己的理想，更具備旺盛的鬥志。

飄泊奇女子 —— 謝雪紅

原名謝阿女的謝雪紅，1901年出生於台灣中部，是一名貧窮工人的女兒。父親肺癆死後不久，母親也過世了，在走投無路的困境下，長相秀麗的謝雪紅被迫嫁給台中商人洪喜的兒子洪春榮做妾，從此展開她曲折坎坷的情感之路。這年，她只不過是個十三、四歲的小女孩。

十六歲那年，謝雪紅為了逃脫小妾悲慘的生活，偷偷逃家跑去糖廠當女工，在那裡認識了工廠的甘蔗委員張樹敏，成了他的姨太太。張樹敏帶著她到日本、中國四處跑，讓這位鄉下女孩眼界大開，不但見識到幾次重要的抗日活動，也讓她決定要發奮進修，以解決台灣社會的貧富差距。

然而，當謝雪紅開啟了知識之門後，便不再甘心只做男人的姨太太，她決心要離開張樹敏！在《我的半生記》這部自傳中，謝雪紅是這麼形容

樹敏這個台灣人俗稱為採花蜂的人，一生都是在玩弄、欺侮婦女……，不知道和幾個女人搞過關係，經常過著糜爛不堪的生活。因而，在1930年左右他把父親留給他的財產，大批土地逐漸賣掉了。到了1935年左右他過世之前，已經破產了。」話語裡，盡是對張樹敏的不屑與鄙視。

離開張樹敏的謝雪紅，就像是破蛹而出的蝴蝶，從柔弱的侍妾成了一心革命的現代女性。這位讀書不多、卻充滿素樸正義感的女性，在她的革命啟蒙者、也是當時的男友林木順的帶領下，開始參與共產黨的活動，也曾親赴莫斯科東方大學就讀，接受正統左派思想的洗禮。自此，她捲入了左派革命的洪流之中，成為領導台灣知識青年抗日運動的領袖。

在那個猶仍封建保守、歧視女性的年代裡，謝雪紅以一介女子之身，要領導一個幾乎全是男性的革命團體，談何容易？加上她與生俱來的剛烈性格，使得男同志對她非常不滿；而她姨太太的出身，強勢遊走男人世界的姿態，更常引起外界質疑，她的政敵不斷醜化她，到處散播她男女關係紊亂的流言，企圖打壓她在革命運動中的地位。

愛人同志

然而人在戀愛的時候，是比在戰爭或革命的時候更放恣的，謝雪紅不是不知道同志對她私生活的批評，然而對她來說，忠於自己的感覺，在不同的兩性關係裡揀拾自我，在相異的男人之間尋找真心，有什麼不對？

這時，一位不凡的年輕男子，深為謝雪紅的格局與膽識所折服，也為她巾幗英雄不讓鬚眉的英氣所傾倒。楊克煌——這位有妻有女、年紀又比謝雪紅小了好幾歲的男子，為了謝雪紅拋妻棄子，成了她一生之中最重要的情人，也是同志。

曾跟隨謝雪紅從事革命運動的古瑞雲（周明），在《台中的風雷》中，曾引述他與謝雪紅之間的對話如下：

「古：『她已經有妻子了，你們為何還形影不離呢？他太太不吵鬧嗎？』

謝：『她太太很賢慧，是一位典型的賢妻良母，能諒解我們，因為她知道我們倆誰也離不開誰，但我們卻又僅僅是同志關係。』」

後來謝雪紅又補充說：

「我日文、中文都會，可是文章做不好，字也不好，所以寫信都要他(指楊克煌)代筆，寫文章也是我口述，他執筆。所以我沒有他就簡直無法工作。而他，鬥爭經驗沒我多，他也是善於出點子，但還不如我，也不如我果斷，遇事總要先徵求我的意見，所以他也離不開我。」

1949年第一屆中國人民政治協商會議的台盟代表，前排左起謝雪紅、王天強、後排左起田富達、楊克煌、李偉光、林鏗生。

1944年謝雪紅在台中與楊克煌一起經營的三美堂門口。

1947年發生228事件，謝雪紅帶領中部人民抵抗陳儀政權，兩天之內把國民黨的黨政軍機關完全占領。國民黨展開全面綏靖清鄉，謝雪紅成為頭號被緝捕的對象，迫使她不得不流亡中國，情人楊克煌亦隨著她亡命天涯，無願無悔。為了謝雪紅，楊克煌拋棄了家庭浪跡天涯，流落異鄉。兩人的感情，顯然有著外人無從知悉的深情之處。

1949年，謝雪紅擔任第一屆中國人民政治協商會議主席團成員，後因在台灣問題上與當權意見不合，遭到中共當局狠狠批鬥了三次，從此逐漸淡出政壇。1970年11月5日，她病逝於北京家裡，身邊僅有陪伴了她數十年、始終不離不棄的楊克煌。

謝雪紅在她六十九年的生命中，經歷了無數的男人。她始終拒絕成為男性的附庸，並以具體行動追求個人嚮往的愛情，無疑是對男性沙文主義做了最強烈的反抗。她因時代的動盪而與楊克煌相知相惜，談了一場驚天動地的戀愛，兩人自始至終相濡以沫、互相取暖。即使那樣的取暖對衛道人士而言，可能只是一場虛無縹緲的夢，但是在亂世之中，那樣的夢，卻成了永恆。

謝雪紅的女性解放論

或許是卑微的出身與慘痛的經歷，讓謝雪紅對台灣女性的處境格外重視，也曾寫文章爭取女性解放。她以「斐英」的筆名，發表過以下這段話：

「在台灣依然存在著聘金制度的買賣婚姻，婦女們的命運還是完全受金錢所支配的。所以，婦女們仍然是一種奴隸，一種商品。『三從四德』在今天還是婦女們應遵守的『美德』，有些男人不但要求婦女服從他們，而且要由他們打罵、由他束縛、由他侮辱，才是『乖巧、伶俐』，才叫做『賢妻、貞婦』。」

謝雪紅認為，女性唯有參與政治改革運動，才能提升自己的地位。因此在日治時代，她鼓勵女性參加抗日運動，在國民政府時代，則是呼籲婦女參加反抗國民黨運動。她相信，在種種的壓迫之下，女性是不可能單獨得到解放的，只有在參加了反法西斯、反獨裁的革命運動，女性才能夠徹底翻身，不用再依靠男人生存。這樣的言論即使用今天的眼光來看，仍相當具有革命性。

突破同姓不婚的迷咒

很不幸，我們都是同姓。這種愛情，在我們社會上一直被認作是一種罪惡，是不被允許的。……一種不屈服的頑強意識，是我在自己的行為中甚至感到無限驕傲和快慰。它作了我意志力的最大泉源。

—— 鍾理和〈同姓之婚〉

當愛情的潮浪突然湧來，驚濤駭浪四地拍打著心房的時候，誰還會注意到家世、身分、或是年齡的距離？

然而，「同姓不婚」這個流傳了千年的緊箍咒，卻主宰著無數相愛男女的命運。同姓氏的男女即使再怎麼相愛，只要雙方家長祭出「同姓不婚」的大旗，也就等於就是宣告了兩人的此生，註定是有緣無份。

同樣的姓氏代表家族血脈相近。中國從商朝開始，就嚴格執行「同姓不婚」的原則。台灣人一直嚴格遵守古訓，除了同姓不婚外，包括了像是「蕭、葉」，「許、柯」，「周、蘇、連」，「陳、姚、胡」，「徐、余、涂」等，也被認為是緣於同一個祖先，也不能通婚。1910年，清廷參照中外通行法律，頒布《現行刑律》和《大清新刑律》時，就已刪除了「良賤為婚姻」以及「同姓為婚」的條文，但是受日人統治的台灣，卻仍視「同姓結婚」為大忌。

勇敢突破同姓不婚的禁忌，鍾理和與鍾台妹堅守二人的愛情。

鍾理和生長在富裕家庭，卻勇於突破身分階級的禁錮。

週遭親友的棄絕，曾讓鍾台妹感到孤立無援。

笠山農場創立十週年。鍾理和（坐者右二）十九歲擔任農場督工，也在這裡遇到了他此生的最愛。

當鍾理和愛上鍾台妹

然而為了愛情，還是有同姓相戀的男女背棄了家庭，選擇了私奔；為了愛，他們付出的代價是那麼地高，卻是如此地心甘情願。六十多年前的台灣南部，在一個民風保守的客家村落裡，富家子鍾理和與女工鍾台妹相戀了，為了這段不被祝福的戀情，他們不惜離鄉背井遠走他鄉，形影不離、白頭到老，成為台灣愛情史裡的一則傳奇。

銜著銀湯匙出生的鍾理和，從小生長在富裕的家庭。十九歲那年，鍾家在美濃買下了大片山地經營農場，他被派到農場督工的那段時間，不意愛上了女工鍾台妹。不幸的是，這一對同姓年輕人的愛情，卻被家庭和社會視為是一種罪惡，是不被允許的。而鍾理和眼中「瓜

子臉兒，直直的鼻樑，亮亮的眼睛，眉宇間有著一份凜然不可侵犯的氣概」的台妹，甚至還被鍾理和的母親斥為「迷惑男人的狐狸精」！

痛苦的鍾台妹勸鍾理和離開她，回到父母身邊去做一個安分守己的好兒子，但鍾理和只是冷冷地聽著，一種不甘屈服的頑強意識油然而生，也成了他反抗傳統力量來源。1940年，他隻身跑到滿州奉天工作，取得瀋陽的駕駛執照。在一個落葉紛紛的秋天，他再度回到了台灣，帶著台妹遠赴中國，共組家庭。

從小養尊處優的鍾理和，為了與台妹在一起和家裡鬧翻，孤單無援地處在天寒地凍的中國，在生活與心理上都面臨極大的困難和挑戰。然而愛情的力量，彌補了現實生活中的一切欠缺，為了回報鍾理和的深情，台妹一肩挑起了養家活口的責任，只為了讓熱愛文學的鍾理和能安心寫作。回憶起那段困苦的歲月，鍾理和曾說：「那一段時間，在我看來卻是最平靜、最幸福、最甜蜜的。」

同姓又怎麼樣！

不過鍾理和與鍾台妹這被視為叛逆的同姓婚姻，並沒有因為奔逃而獲得家鄉親人的諒解。1946年，鍾理和帶著台妹回到家鄉，開始面臨另一場重大的考驗。鍾理和在自傳小說〈同姓之婚〉中寫：

「光復後的第一次戶口總檢查屆臨，鄉公所來了幾個人預查戶口。我們的戶籍，在接收時不知為何竟給脫漏了，不消說孩子的出生，就是我們的結婚手續都需重新申報。他們問我妻的姓名。

『鍾平妹。』我說。

（註：鍾理和在同姓之婚中一律將鍾台妹的名字改成鍾平妹）

其實，他們都認識我和平妹，特別其中之一，過去有一段時間和我玩得不錯。何況我和平妹的事，周圍幾十里都哄傳過，因此，他們是應該一切都很明白的了。不過我以為人家既然是公事公辦，那麼我也只好照實說出。

『什麼？』他們重問了一遍。

『鍾平妹！』我又重說了一遍；心裏有點不耐煩。

『鍾？』他們彷彿吃驚的樣子，眼睛向我注視：『同姓呀？』

我非常生氣；我認為他們存心與我為難，我粗暴地反問道：『同姓又怎麼樣？』

此時，一直就坐在我旁邊的大兄，似乎感到場面有點僵，連忙站出來給我們圓場：『是的，是的，鍾平妹！』他說。

他們冷冷的看著我，卻也不再多問什麼了。

為了這事，一整天我都不好過。這些人的卑劣和虛偽，令我憤懣。」

這件事情之後，鍾理和瞭解到此後的日子是絕對不會平靜的了。除了親人的棄絕之外，昔日朋友更是避之如水火，鍾理和很擔心，愛妻是否經得起週遭的歧視與指責？為了台妹，鍾理和甚至還用盡了

鍾理和自傳性小說《鵝鸞之情》（貧賤夫妻），描寫他與台妹不受祝福卻堅定不移的愛情。

◆ 不屈服的個性加上堅強的意志，也讓兩人終究能夠相守相伴。

◆ 鍾台妹晚年過著平靜怡然的生活。

一切方法，邀請台妹的朋友到家裡來玩，但是，始終沒有人願意踏進他們家一步。

回到台灣沒多久，鍾理和因染上肺病，身體很差，但仍將全副精力放在寫作與自修之上，陸續寫下了《笠山農場》、〈貧賤夫妻〉（原名〈鶼鰈之情〉，收於《鍾理和全集1》）等經典小說。遺憾的是，雖然在1946年《笠山農場》獲得中華文藝獎金，使他聲名大噪，但卻因為無力出版，生活並未得到改善。台妹除了得外出工作負擔家計，還得照顧病中的丈夫，與嗷嗷待哺的孩子，長期的過度操勞，在她的外型上刻下了深深淺淺的痕跡，鍾理和雖十分不忍，卻也無能為力。

1960年，鍾理和因肺病吐血而去世，熱愛文學、發誓要當一輩子作家的他，卻因為一生窮困潦倒，直到去世時連買棺材的錢都沒有。周圍愚昧無情的打壓，讓鍾理和以理想與愛所辛苦建立起來的婚姻堡壘，幾乎被全面擊潰，然而他卻始終懷抱著愛與信心，堅毅地面對人生給他的種種試煉。

就世俗的眼光來看，鍾理和的一生可能是不幸的，但至少他在死後是幸福的，因為他靈魂安頓的地方，正是他的愛之所在。

侍妾與情人

傳統舊社會的納妾制度，考驗著正室與侍妾間的「容忍度」，這樣對立的有形與無形間的爭戰，是對人性極大的扭曲與殘害。

—— 陳碧月〈林海音小說的女性自覺書寫〉

愛情之所以為愛情，是因它必然伴隨著痛苦與煎熬。情人眼裡容不下一粒沙子，沒有任何一個女人願意與她人共事一夫。然而在以男性為中心的家庭結構裡，男性必須負擔所有的家計，士大夫官宦之輩必須遊宦四方，商人更得常年在外奔波營生，基於生理需求及身在異鄉的情感寄託，納妾便成了社會允許的行為。

數千年來，男人納妾是很正常的，父母替他挑選大太太，也就是元配，至於他可以自己物色小太太，也就是妾。元配夫人不能反對丈夫娶小太太，否則就是犯了「七出」（傳統休妻的七個理由：一、不從公婆；二、無力生子；三、與人通姦；四、善妒反妾；五、身染惡疾；六、口舌過多；七、為盜為竊。）裡的善妒反妾之罪；若是元配沒有辦法生下兒子，也是犯了「七出」，還得主動替丈夫尋找適合的小老婆，來完成傳宗接代的使命。

納妾雖是社會允許的行為，但以「妾」的名義進入夫家的女性，在食、

◀ 不管在什麼場合，都可以看到陳甜（右）陪伴蔣渭水的身影。

衣、住、行各方面卻有著種種的限制，不可能與正室相提並論，對自己所生的孩子也沒有實質的教養

權。她們的社會地位不高，永遠只能以附屬的身分，出現在丈夫的身邊……她們在夫家的地位，猶如次等的女性。

妾身不畏革命 ── 阿甜與蔣渭水

然而有一位侍妾出身的女子，卻開創出屬於自己的一片天地，不是運氣，更不是偶然，無寧是她的智慧、才華與寬敞的胸襟所致。

在1920年代後期至1930年代初期的台灣民族運動中，出身醫生的蔣渭水是屬一數二的人物。他設立了推行文化運動的「台灣文化協會」，創辦「台灣民眾黨」，在政治運動的場域裡非常活躍，且深受眾人愛戴，被後人稱之為「台灣的甘地」。在蔣渭水為了革命大業四處奔走之際，身邊總有著一個嬌小的身影如影隨形，人人都稱這位叫做阿甜的女子為「蔣夫人」。其實，蔣渭水的元配姓石，而這位本名陳精文的柔美女子，則是蔣渭水的姨太太。

在那個風起雲湧的時代裡，蔣渭水全力投身為台灣人爭取權益的革命事業，陳精文始終隨侍在側，而且不只扮演「成功男人背後那個默默支持的女人」。除了替蔣渭水分憂解勞，必要時也會挺身而出，若是抗日革命同志有人被捕入獄，陳精文也會主動出面探監幫忙，打點一切。

1923年，蔣渭水因發動台灣議會設

置請願運動，積極成立「台灣議會期成同盟」，不見容於台灣總督府，被判了四個月的徒刑。在服刑期間，陳精文曾寫信給蔣渭水道：

「早起接到你的信一封，事事都知道了，你以外十三人的內外衣，已經寄去了，請你免介意。我要與你面會，不知道警官怎樣呢？你在內的時，是靜養的好機會，保守自己的身軀，以外的事，請暫放心，這是我所希望的，你請，我親手寫的。阿甜。」

據說蔣渭水在看了這封信後，久久不能自已，一再拿出來反覆閱讀，可見他對陳精文的思念之情。

1931年蔣渭水積勞成疾，因病去世後，年僅三十二歲的陳精文也遁入空門，歸隱台北慈雲寺，度過平靜的下半生。蔣渭水逝世時，曾有人問年紀輕輕的陳精文

危險的抗日革命運動，陳甜（右二）以一位妾身之姿，一點也不畏懼。

綽號「阿甜」的陳精文，全力支持蔣渭水的革命事業，為他分憂解勞。

為什麼不改嫁？她只是淡淡地回答：「如果有人比渭水更偉大，我就嫁給他！」由此可看出她對蔣渭水的用情之深。

若・蘭・戀——呂赫若與蘇玉蘭

侍妾的地位固然不高，但至少是經由一定儀式與程序進入夫家的。反觀情婦，不但沒有名分，還得承受他人的閒言冷語。作家呂赫若與他的情人蘇玉蘭，就是一段不為人認同的無奈戀情。

發表第一篇小說〈牛車〉後即受各方矚目的呂赫若，原名呂石堆，人稱日治時代台灣第一才子。他不僅是文學家，在音樂、戲劇方面亦有傑出的表現，除此之外，一表人才的他還精通英、法、義、日語等多國語言，才華洋溢，在當時不知迷倒了多少女人。

呂赫若在二十一歲那年與林雪絨結婚，一共生了九個孩子。進入興業統制會社（電影公司）工作後，認識了前來應徵、同樣熱愛文學的蘇玉蘭，兩人情不自禁地談起一段不為週遭祝福的戀愛。這對熱戀中的男女，不顧親朋好友的反對同居在一起，蘇玉蘭還為他生下一子一女；縱使呂赫若不曾有過任何承諾，但蘇玉蘭仍舊死心塌地跟著他。沒有名分的她，從來不敢為自己的愛情而辯護，只能在暗夜裡默默感嘆兩人的相見恨晚。

戰後呂赫若因對時局不滿，將心力

← 因為與呂赫若同對文學的熱愛，蘇玉蘭奮不顧身投入愛情的深淵。

↓ 出身小地主家庭、才華洋溢的呂赫若，在當時受到非常多女性的傾慕。

↓ 呂赫若二十一歲就與林雪絨結婚。

轉而投注於政治，並將左傾的思想化為行動，毅然以槍桿代替筆桿，加入共黨地下組織。50年代白色恐怖時期，呂赫若主編的《光明報》被政府指控是共產黨的地下刊物，他不得不開始四處逃亡，這時，呂赫若不過三十七歲。

此後呂赫若的行蹤成謎，沒有人知道他去了哪裡。有人說他是逃到了島外，也有人說他死在鹿窟被毒蛇咬死；曾有人指出他是被鹿窟的共黨分子槍殺，也有人懷疑他是被政府軍隊逮捕，但身分未被識破……數十年以來，他的生死始終眾說紛

云。沒有謀生能力的蘇玉蘭，則在呂赫若失蹤幾年之後，不得已將子女分送出去，自己則黯然改嫁。

在呂赫若有如彗星般短暫的文學生涯當中，常以作品描繪女性的命運和宿命的性格，為受壓迫的女性打抱不平，然而諷刺的是，在現實生活中，呂赫若的女人們——無論是元配林雪絨還是情人蘇玉蘭，卻都因為他的緣故，成了有如他小說筆下的女主角，悲情而無奈。她們襯托出了才子呂赫若的風流倜儻，卻給自己烙下了孤弱無助的痕跡。

在「婚姻就是一切」的傳統觀念裡，沒有女人樂意成為第三者，只是一旦走上了這條特殊的道路，幾乎就沒有踩煞車的可能。我們的社會總是把姨太太或是情婦視為「罪惡」，認為她們不知羞恥、搶人丈夫，其實兩情相悅，又怎能只是一味地指責其中一方？沒有婚姻，就不可能有所謂的「第三者」，或許，侍妾與情婦，都只是在一夫一妻制中失敗的「代罪羔羊」吧！

革命情侶

我實在不敢再設想汝們如何生活,在困苦的環境中還是找些愉快吧!
忍耐能克服不少困難,它能增進人的活力。⋯⋯請不要驚駭,也不要悲傷。

—— 鍾浩東遺書

在一個看不到出口的時代裡,就跟身陷於黑暗的隧道中沒有什麼兩樣,完全看不到任何一絲光線。

在日本統治台灣的半個世紀裡,有理想、有抱負的知識分子是極其苦悶的。他們之中有的人甘於耽溺在黑暗的隧道中自憐自艾,也有的人賣力尋找可能的出口。他們在慘烈的青春裡,全然投入抗日運動,並在革命的征途中找到了真愛,兩人一起併肩作戰,成為人人欽羨的革命伴侶。

壓不扁的玫瑰 —— 葉陶與楊逵

她,是出身高雄旗後、家境寬裕的富家女。十七歲那年,蔣渭水成立了台灣文化協會後,她受到文化協會新觀念與新知識的啟蒙,主動解開了裹腳布丟入旗津海裡。從那一刻開始,她也同時解開了女性的束縛。

他,台南新化人,是清寒家庭的么子。從小目睹日軍任意屠殺台灣人,民族意識與抗日思想逐漸萌芽。在日本求學期間,受到社會主義與共產主義的影響,決心在回台之後,要為廣大的中下階層悽苦的命運奮鬥。

葉陶與楊逵,兩個原來風馬牛不相及的人,卻在農民運動中有了交集,此後,志同道合的年輕男女並肩作戰,是愛人,更是同志。

楊逵(左二)剛從綠島返回,與葉陶(右二)及兩個兒子楊資崩(左)、楊建(右)攝於台中公園。

（左圖）年輕時候豪邁不拘小節的葉陶，經常活躍於農民運動，楊逵戲稱她為「鱸鰻婆」。

（右圖）楊逵出身在清寒家庭，立志為廣大的中下階層民眾奮鬥。

晚年在東海花園的日子，是楊逵（右一）以及葉陶（右二）一生難得平靜的日子。

楊逵二十七歲發表的《送報伕》，引起文壇轟動，但不久後就被查禁了。

楊逵在剛認識葉陶時，眼見這位個性坦率而不拘小節，笑聲豪邁並帶點戲謔的小女子，四處奔騰於街頭宣傳農運主張，便戲稱她為「鱸鰻婆」（土匪婆）。而這位「鱸鰻婆」的行徑確實令人側目：她以一介女子的身分活躍於農運場域，未婚便大方的與楊逵公然同居，並相偕在鄉下池塘裡裸泳；結婚前夕兩人被捕入獄，還戲稱是「一場官費的婚前蜜月旅行」。只是這對革命情侶率性前衛的言行，並無法見容於保守的農村社會。最後，他們竟被戰友以「墮落幹部」的理由，從農民運動中除名。

出獄後，葉陶與楊逵正式結婚，但婚後生活過得十分清苦。楊逵靠寫小說為生，最有名的〈送報伕〉在報上連載到一半，便因「內容表現資本家對農民的壓迫，並積極提出建設性自救方法」而被查禁，只好靠揀拾火柴維生，葉陶則以縫製嬰兒衫、種花來賣以貼補家用，從此昔日的「鱸鰻婆」變成了「賣花女」。沒有人知道，葉陶嘗試想要改變世界的夢，以及她那不肯認命只做平凡女人的心，是否一直平靜無波？

戰後，楊逵因鼓勵農村青年加入反抗政府組織，與葉陶同時被捕，兩年後，他又因發表和平解決內戰的和平宣言，再度被補入獄。在楊逵坐牢漫漫的十二個年頭裡，葉陶有如一棵大樹，獨立承擔起一家的生計。1961年楊逵出獄，兩人住在台中的東海花園，度過生命中難得平靜的日子。然而長期的過度操勞，還是過早奪去了葉陶的生命，1970年，體弱多病的她因心臟病與世長辭，留下愛人同志楊逵，以及「壓不扁的玫瑰」與「賣花女」等愛情傳奇，為後世傳頌不已。

深情不悔——蔣碧玉與鍾浩東

日治時期還有另一對著名的革命情侶：蔣碧玉與鍾浩東。他們兩人的相識，

只有一個「緣」字可以形容。

那是遠在1937年的事了。就讀於台北高校的鍾浩東，患了精神衰弱症住進了帝大醫院（現台大醫院）。畢業沒多久的蔣碧玉，則是剛到帝大醫院服務的小護士。住院期間，兩個人因「鍾」與「蔣」的日文發音相似，不經意地攀談起來。一個是抗日領袖蔣渭水的養女，一個是愛國心強烈的有為青年，兩顆年輕悸動的心，因為共同的理想與願景而有了交集，彼此的交往也更為密切。

後來鍾浩東赴日求學，主修政治經濟學，回台後向蔣碧玉透露自己想暫時休學前往中國，全心投入抗日戰爭的行列。知道鍾浩東的志向後，蔣碧玉興起了跟隨的念頭。藍博洲在《尋訪被湮滅的台灣史與台灣人》一書中，記錄了蔣碧玉對當年的回憶：

「……我立即對他這項兼具嚴肅的民族主義與浪漫的革命情懷的計畫，感到莫名的嚮往。可我生父說，一個女孩子家又沒跟人訂親，怎麼可以就這樣跟人家跑呢？……而且你知道人家要走的是什麼路嗎？」

但正沉浸在戀愛中的蔣碧玉，哪裡聽得進父親的勸告？對於年僅十六歲的她來

說，英氣迫人、又有強烈民族意識的鍾浩東，不僅開啟了她愛情的想像，也點燃了她追求革命志業的熱情。她義無反顧地隨著鍾浩東的步履，加入中國的抗日組織。

在中國抗戰的日子是艱苦的，然而這對勇敢的伴侶仍然昂首闊步地踏上征途。其間為了早日完成革命大業，蔣碧玉還曾忍痛把長子送走。沒想到這一別，一直要到數十年後政府開放探親，母子才得以再次相逢。

戰後夫婦倆回到台灣，鍾浩東接任基隆中學的校長一職。他因不滿政府的種種作為，發行《光明報》宣揚反資反帝思想，成為日後被打入陰謀叛亂分子的具體物證。1950年，鍾浩東被政府槍決身亡，蔣碧玉靠著在風化區賣紅豆餅、陽春麵賺取生活費，帶著兩個幼小的兒子，勇敢地活下去。

⬆ 鍾浩東因病住院，結識了一生的摯愛與革命伴侶。

⬅ 蔣碧玉（中）不怕危險，堅持與鍾浩東（左）共同追求革命志業。

⬆ 鍾浩東的一生都為
革命事業燃燒他的
熱情。

鍾浩東死後,蔣碧玉背負著白色恐怖的烙印,求職四處碰壁,但她始終勇敢地承受。因為對她來說,這個烙印象徵著她與丈夫十多年來成長與奮鬥的痕跡,也是她愛情生活與革命生涯的所有回憶。具備了知識、理念與熱情,同時也身為極富眾望的兩位男性政治領袖的女兒與妻子,註定了她不凡的一生。她與鍾浩東的故事固然只能成為追憶中的往事,但作為未亡人的她仍堅毅地活了下來,繼續以「鍾浩東的太太」的身分,燃燒她未熄滅的使命與青春。

另外,像是黃天海與許月里夫婦、林至潔與郭琇琮夫婦,也都是抗日運動中著名的「愛人同志」。感情的火燄燎起了他們對理想的熱情,也使得他們雙雙走向改革的道路。他們的愛情故事安詳而寧靜,沒有太多戲劇性的高潮起伏,然而相知相惜的夫妻相濡以沫、並肩作戰的革命情感,早已超越了小情小愛的痛苦試煉,也使得兩人之間的愛情,業已升華到更高的層次了。

滄桑花朵──許月里

　　許月里是日治時代楊逵的反日運動同志。她因為父親的影響以及受到文化協會的思想啟蒙,培養出左傾的意識,積極參與工運與婦運。十八歲那年,她與抗日分子黃天海結婚,共同獻身於殖民地的反帝運動。只是革命的熱情,並無法解決現實困苦的處境。患有肺病的黃天海因沒錢治病,病情加劇,未幾便撒手人寰,留下年僅二十歲的未亡人許月里,以及才三個月大的兒子。

　　為了養活自己與兒子,許月里做過各種工作,吃了不少苦頭,也曾經歷一段錯誤的婚姻。戰後,她因借錢給抗日運動的老友簡吉被捕入獄,坐了整整十二年黑牢。直到出獄後她才痛下決心結束前一段孽緣,並與昔日抗日運動的舊識、也曾坐過政治黑牢的周合源重逢。他們各自歷盡風霜,能以無言的疼惜懷抱對方的滄桑,很自然地在人生的黃昏,產生出惺惺相惜的真情。

　　1971年,六十歲的許月里與六十九歲的周合源結婚了,這對老來相伴的夫妻,終於在夕陽殘照的晚年,找到心靈安慰的所在,攜手共同為政治理想奮鬥。80年代後期不少抗爭活動中,都可以看到這對革命夫妻的身影。1993年周合源過世,這段安詳而寧靜的愛情才畫上了休止符。如今她已高齡九十四歲,依然堅持著理想繼續奮鬥下去。

愛情在唱歌

月色照在三線路，風吹微微～等待的人怎未來？
心內真可疑，想昧出彼個人。啊～怨嘆月暝。

—— 〈月夜愁〉

愛情，是藝術創作永恆不變的主題。尤其是膾炙人口的情歌，在歷經歲月與戰火的洗禮，除了見證人們的共同記憶，更記錄下愛情的演變。

幽幽苦調

早期閩南語歌謠中的相思情歌，呈現出非常自主、奔放的生命活力。像是〈草蜢弄雞公〉描述風趣而善解人意的阿伯與小姑娘之間的調侃逗情，透過兩性的打情罵俏達到「樂而不淫」的歡樂效果。〈桃花過渡〉、〈五更鼓〉也是同樣具有戲謔、挑逗意味的情歌，呈現出民間文學中不受禮教束縛、歌頌感官歡愉的特色。至於〈十八摸〉、〈邪歌〉這類具有濃厚情色意象的歌謠，以詼諧的方式淋漓盡致地描繪出情慾宣洩的快感，充分展現出常民文化活潑的一面。

日本治台後，台灣人受到政治、軍事的壓迫，樂觀性格逐漸消磨殆盡，這時的情歌自然也蘊含了許多無奈與哀怨。例如陳達儒作詞的〈南都夜曲〉，描寫煙花女子被薄情郎欺騙感情的無奈心情；〈雨夜花〉敘述一位鄉下純情的少女，去尋找到台北打拼，卻音訊全無的男友，但到了台北才知道負心的男友早已娶妻生子，心碎的她最後淪落為酒家女，有如凋零

愛愛不僅歌聲風靡一時，連時髦的裝扮都成了小姐們模仿的對象。

日人所經營的古倫美亞唱片公司，促成台語流行歌曲第一波的黃金時代。

女，有如凋零殘敗的花朵，在雨夜中獨自顫抖。這個來自真實個案的愛情故事，以婉約優美的旋律，訴盡女子內心的苦楚。特別值得一提的是〈白牡丹〉，含蓄文雅的歌詞將少女的嬌羞、癡情與貞節等，比喻為純潔自持的白牡丹，深刻而不矯情，並沒有當時情歌哀怨悲戚的苦調，非常有韻味。

此外，像〈補破網〉、〈望春風〉、〈月夜愁〉、〈碎心花〉、〈心酸酸〉等，都是極其悽美哀怨的情歌，其中〈月夜愁〉在戰時還曾被日人改成進行曲〈軍伕之妻〉也曾有論者認為，日治時期有許多歌謠都是因畏懼統治者的高壓政策，既不敢真實地反映社會現況、更不敢傾訴內心對統治者的憤怒，才會寄情於風花雪月的情歌，而歌詞裡也大多是哀傷、

怨歎與消極的色彩。是否創作者想要藉由女性的愛情花蕊遭人踐踏蹂躪的不幸，來暗示「被殖民者」受到的壓抑與苦悶，以及對台灣前途的感歎仍待探討。

流行歌風潮

1930年代人民生活逐漸改善，流行歌曲也隨之盛行，唱片公司與流行歌手紛紛崛起。活潑開朗、歌聲高亢的愛愛很快的就被網羅成為歌手；她時髦摩登的裝扮、豐厚的收入，讓「唱歌」成為一個令人稱羨的新潮職業。愛愛被古倫美亞唱片公司挖角後，與嗓音偏中低音、同樣已經唱紅許多歌曲的純純，雙雙成為紅極一時的閩南語流行歌星。後來愛愛嫁給同公司、創作量豐沛的才子作詞家周添旺，成為樂壇上的神仙伴侶。〈河邊春夢〉一曲，便是周添旺在追求愛愛時，常邀她

（右圖）歌星愛愛嫁給創作才子周添旺後，兩人在音樂上的配合更加天衣無縫。

（左圖）五聲音階自然小調作成的春宵夢，由周添旺作詞譜曲、愛愛演唱，轟動一時。

到淡水河邊散步，但礙於當時民風保守，愛愛又是大家矚目的紅歌星，周添旺不敢表達自己的愛意，又深怕這一段感情會如春夢了無痕，於是在這種矛盾的心情下所創作出來的。由於在過去封閉保守的社會裡，男女多只能由情歌來抒發內心對異性的愛慕，因此這些歌曲至今都還能讓許多老一輩的人琅琅上口、回味不已。

流行歌曲的開啟或可說是由1932年開始的，當年上海聯華影業公司製作一齣黑白無聲影片「桃花泣血記」即將來台放映，為了吸引觀眾，業者特別邀請擔任電影旁白「辯士」的詹天馬（天馬茶房老闆）先生作詞，由「共樂軒」西樂隊指揮王雲峰先生作曲（〈補破網〉作曲者）、歌手純純演唱，可說是台灣第一首創下佳績的閩南語流行歌曲。〈桃花泣血記〉推出之後，一鳴驚人，從此揭開了閩南語流行歌曲的序幕。歌詞中依著劇情描寫出年輕人對於自由戀愛的主張，反映出當時婚姻觀念的變化，也衝擊著遵循父母之命的封建思想：

> 人生親像桃花枝，有時開花有時死；
> 花有春天再開期，人若死去無活時。
> 紅顏自本多薄命，拆散愛人的真情；
> 運命作孽真僥倖，失意斷送過一生。
> 文明社會新時代，戀愛自由才應該；
> 給伊束縛是有害，婚姻制度著來改。

〈桃花泣血記〉的歌詞雖不脫傳統

上海電影「桃花泣血記」，由純純演唱的主題曲創下空前的銷售佳績。

「七字仔」的歌仔戲形式，但因內容非常貼近年輕人反對父母主婚的封建思想、希望能由自己選擇結婚對象的看法，反映時下男女對愛情的新觀念，深深打動了許多人的心，一時之間風靡全島。

情歌從此蔓延

不過除了〈桃花泣血記〉之外，當時流行歌曲多半仍存在著深厚的宿命觀。例如〈向日葵〉：「想花欉，天配好，緣分註定太陽哥」是對愛情抱持著樂觀卻命定的看法；〈月夜嘆〉：「孤單人，空房內；紅顏薄命天擢排」；〈一剪梅〉：「自恨命運無緣分，希望來世結成群」等，反映出女性

愛情是歌曲最常出現的主題，也讓人們百唱不厭。

由於對自己的性別，以及種種不平等的待遇，所自然產生的愛情宿命論。

終戰之後民生困苦，百業蕭條，很多反映各行各業為了生活勞碌奔波的歌謠於焉出現，例如〈收酒矸〉、〈燒肉粽〉、〈三輪車夫〉等。另外，也有許多年輕人為了前途離開愛人與故鄉，獨自赴外地打拼，因此出現不少描寫這方面的歌謠，像是〈望你早歸〉、〈秋怨〉、〈孤戀花〉等。隨著自由戀愛與社會風氣的日益開放，以坦率直接的方式表達愛情的歌謠亦紛紛出籠，例如〈台灣小調〉、〈我有一句話〉、〈關仔嶺之戀〉、〈南都之夜〉、〈初戀日記〉、〈黃昏再會〉等，都是風靡一時的情歌之作。

爾後隨著國語流行歌曲的大行其道，以及西洋歌曲的次第傳入，除了少數如〈秋風夜雨〉、〈安平追想曲〉較為人所熟知之外，閩南語歌謠進入了沉寂期。一直要到了1980年代，以日本曲重填台語詞、由洪榮宏演唱的〈一支小雨傘〉等清新明快的情歌出現，才讓向來被視為「哭調」、「不登大雅之堂」的閩南語歌謠，再度鹹魚翻身，成為眾人朗朗上口的曲調了。

🔱 電影經常搭配著專為電影而寫的主題曲，讓人融入在完美的意境中。

談情說愛　客家山歌

在傳統客家山歌中，以愛情為主題的非常多，無論是愛慕、試探、追求、初戀、熱戀、相思、送別……都能夠用即興的山歌形式來表達。有一首客家山歌的歌詞是：「客家山歌最出名，條條山歌有妹名，條條山歌有妹分，一條無妹唱唔成」，難怪在許多人的印象中，「客家山歌」幾乎就等於是「客家情歌」。客家研究權威羅香林教授曾說：「客家男女，雅好歌唱，偶過岡頭，樵夫薪婦，耕子牧童，唱和之聲，洋洋盈耳雖其歌詞多屬男女相悅之句，然其婉曲取喻，哀感玩艷，有足多者。」可見愛情在客家山歌裡所佔的分量。

客家男女藉由山歌的催化，把情意傳達給對方，如：「人連阿妹逞錢多，我連阿妹用山歌；一句山歌千句話，妹係知音就來和。」山歌更常用雙關語來影射男女情事，有的大膽潑辣，亦不乏癡情宿命的愛情婚姻觀點：「米篩篩米米在心，囑妹戀郎要真心，莫學米篩千隻眼，要學花燭一條蕊。」毫無虛飾與矯情地表現出大膽的愛意、熱烈的追求與美好的想望，充份反映出客家人純樸本色。

🔱 美濃客家文物館，展示客家婦女山歌演唱的海報。

文學裡的女性愛情

談不上美麗可愛 跟你今天約會 明天也約會 後天又要約會吧
今天給你感動一項 不長的紅頭髮 不大的眼睛 如今變成不見面的嘆息之源
嫻淑的步履 高雅的微笑 都在渾然中成為航海的燈光 戀愛是茁壯的
　　　　　　　　　　　　　　—— 謝春木〈戀愛將茁壯〉

　　台灣新文學大將謝春木，在1924年寫下了〈戀愛將茁壯〉這首台灣第一首新詩，以率直坦白的文字，描繪年輕男子浪漫自由的的愛情觀。他在另一部著名小說〈她要往何處去〉裡，亦透過了一個三角關係的情節，批判了封建專制的缺失、並闡揚自由人權的可貴。

　　然而在那個仍猶保守的年代裡，像謝春木這樣赤裸裸地以文字表達感情、直斥傳統禮教社會的風格者，並不是主流，許多優秀的文學創作者，選擇以隱諱幽微的筆法，陳述封建制度下男女婚姻生活的痛苦，寫實而動人。尤其作為被壓迫民族中最被壓迫的女性族群，她們微弱的聲音，更是許多文學創作者關注的焦點。

查某人的命

　　龍瑛宗在〈植有木瓜樹的小鎮〉裡，敘述主人翁陳有三與友人洪天送在談到婚姻時，曾提及當時買賣婚姻的情況：「女人依其美醜、教育程度、家世等條件而有價格之差異，但不管差到哪裡，男方總要拿出錢來買女人」，至於自由戀愛對他們而言，只不過是不切實際的幻想罷了。小說中並提到，陳有三的同事曾硬

文學替許多被傳統壓抑的女性發出無限感歎。

龍瑛宗的小說反映出當時代女性，被以金錢來衡量價值的悲哀。

85

把親生妹妹許配給有錢的敗家子，犧牲了妹妹的終身幸福，這種情形在當時可說是屢見不鮮。

翁鬧在〈天亮前的戀愛故事〉中，曾以女孩的口吻寫給她的仰慕者說：「只是想奉告你，我青春的時代已經過去了，從往日在你房間第一次見到你的時候起，我就偷偷地仰慕你；始終沒有向你傾訴，完全是由於自己軟弱的緣故。歸根結底，我只是弱女子，我已經無力掙扎。」女孩沒有選擇愛情的自由，她的命運掌握在別人手中，只能任人擺布，正是小說所欲刻畫的女性命運。張文環的小說〈閹雞〉裡的女主角月里更捫心自問：「女人只是為男人製造後代的機器嗎？」而月里的疑慮，其實已宣示了台灣新文學運動中女性意識的萌芽。

這段時期小說家關懷的女性議題，還包括了童養媳的婚姻，如：賴和的〈可憐她死了〉、楊華〈薄命〉、呂赫若〈暴風雨的故事〉；藝妲與雛妓的處境，如：張文環〈藝旦之家〉、楊守愚〈女丐〉；遭受性暴力的女性命運，如陳清葉〈寄生蟲〉、吳濁流〈泥沼中的金鯉魚〉；寡婦的宿命，有徐玉書〈榮生〉、呂赫若〈女人的命運〉以及外遇事件中的女人，如：賴明弘〈結婚男人的悲哀〉、馬木櫪〈私奔〉、賴慶〈納妾風波〉等。還有些小說的觸角深入了咖啡館的女服務生，像楊雲萍的〈青年〉、楊守愚的〈元宵〉，以及呂赫若〈女人的命運〉描述舞女的如夢生涯，足見作家對女性在愛情與婚姻中的角色，有了更多元而廣泛的思考與見解。

女作家的書寫

男作家的作品經常藉由描寫社會邊緣女性的弱勢，來暗喻台灣人被殖民的悲哀與無力，以性別影射了台灣的國族命運。至於女作家的小說，則因社會環境對女子教育的種種限制（一來是因為當時台灣人不重視女孩的教育，二來則是台灣女子參加殖民制度的考試，與日人女子相較自是屈居劣勢），創作量相當稀少。我們只能從有限的作品中，一窺當時她們眼中的女人命運。

女記者出身的作家楊千鶴，曾以中產階級女專學校畢業生惠英為主角，寫下膾炙人口的作品〈花開時節〉。作為一名在日治時期有幸就學的女孩，惠英的命運卻與其它女性並沒有什麼不同。楊千鶴在小說裡是這麼說的：「女人的一生，不就是從嬰兒期，經過懵懂的幼年期，然後就

是從嬰兒期，經過懵懂的幼年期，然後就是一個接一個學校地讀個沒完，而在尚未喘過一口氣時，就被嫁出去，然後生育孩子，不久就老死了。在這過程之中，真的可以把意志和感情完全摒棄，將自己付託給命運的安排嗎？說實在，我對毫無懷疑、毫無任何心理準備的結婚，不能不感到不安與疑惑。」這段話，其實就是楊千鶴個人的自白。

至於左翼運動者葉陶的小說〈愛的結晶〉，也是部極具濃厚自傳色彩的作品。內容敘述投身社運改革的女子素英，即使在別人眼中是個前衛女性，但在面對現實生活貧病的折磨，仍不禁悲歎起自己的遭遇：「愛的結晶，由於錢的原因而育目了。理想，由於錢的原因被黑暗吞噬了。這樣的時代真糟糕啊……」這是否表示了在「進步女性」的意識深處，仍纏繞著揮之不去的封建鬼魅？

無論是楊千鶴筆下衣食無憂的少女惠英，還是葉陶筆下窘困的少婦素英，這

兩個所處世界天差地別的女性，在面對未來時的那份茫然，以及想要開闢自己的前途卻又不知該如何是好的心情，卻都十分一致地表現出悲觀的態度。這似乎也反映

了不想遵循傳統慣例——踏上結婚→生子→老媽子——一途的女子，想要拓展自己的天空卻百般掙扎，終究仍會面臨找不到出路的困境。

日治時期台灣文學創作裡刻畫的婚姻與愛情，猶如一首深沉的史詩，在那愈來愈緩也愈來愈重，有如輓歌般的慘惻哀傷裡，見證著成千上萬女人的悲傷與苦難。雖然黑夜終究會過去，但惡夢卻仍然盤據在心頭，她們的悲傷依然，苦難還沒

社會主義運動者葉陶（右一），描寫前衛女性投身革命事業的小說，自傳色彩濃厚。

張文環的小說〈閹雞〉中，透露了女性意識的抬頭，作品還曾被改編為舞台劇。

台灣戰前的重要詩人楊雲萍詩集《山河》。

和洋婚禮定終生

含笑紅枝二八春，倚燈濃艷假相親；笑喜良朋猶未息，反笑癡懷尚入神。
只是多情床夢到，可憐醉我認為真；慕卿才貌堪相慰，直把懷鄉一片心！

—— 翁俊明結婚後五日返校，寄湘蘋情詩

喜悅像陽光一樣普照在一對幸福的新人身上，新郎脫下了瓜皮帽與長袍外褂，新娘則是褪去了垂著瓔珞的珠冠與大紅蟒袍，他們摒棄了漢人的傳統婚禮裝束，換上了日式的結婚禮服，沉浸在脈脈柔情的甜蜜醉意之中。這天，是他們的大喜之日……

新結婚進行式

日本治台初期，台灣人受到殖民文化的影響並不深，在婚禮的籌辦與禮服的裝束上，仍舊維持原有的漢人儀式，頂多在少數幾個比較熱鬧的城鎮裡，會以人力車與三輪車取代傳統的花轎，作為迎娶新娘的交通工具。

隨著台日通婚以及日人對台影響與日俱增，有愈來愈多新人舉行日本神道教式的婚禮。到了日治時代中期，受到了西方外來文化以及一次大戰後經濟景氣復甦、帶動了服裝業蓬勃發展的影響，許多新郎開始穿起西式的黑色禮服、頭戴禮帽，新娘則是改穿起及膝洋裝或裙擺及地的純白色西式禮服，手持捧花、頭戴白紗。這些新式的打扮，不僅在樣式上全盤的西化，在顏色方面也顛覆了傳統認定的喜慶色系。

為了配合日本軍國主義大東亞戰爭的南進政策，日本人大力推行「皇民化運動」。「皇民化運動」不只是從語言、文字上宣揚日式文化，還強迫台灣人從生活習俗、宗教信仰、文化藝術等各方面向日本看齊。為了使民眾的生活徹底日本化，日本人極力推動台灣人到神社舉行日式「神前結婚式」，不少台灣人在統治者的威權下，不得不順應情勢，尤其是與日人關係較為密切的中上家庭，常會選擇神社做為新人福證的場所。有些聰明的台籍新人則是發展出一套折衷辦法，在傳統漢人三合院裡插上日本太陽旗，作為拍攝結婚照的背景，算是對統治者的規定作了消極的回應。

婚禮里程碑 —— 翁俊明與吳湘蘋

與此同時，若干受到外來思潮影響的知識分子，為了抵抗傳統繁文褥節的婚俗儀式，決定開風氣之先，舉行所謂的「新式婚禮」。翁俊明與吳湘蘋，就是台灣最早舉行新式婚禮的夫妻。

1891年出生台南的翁俊明（旅日歌星翁倩玉的祖父），從小在父親翁紹煥的教誨下，熟讀父親的著作

《好國民》與《好兒女》，其中《好兒女》中有「父母應為子女慎選配偶，毋忘國族，毋失其時，毋蓄姬妾，嚴種族之義」的文字。年紀輕輕的翁俊明深受父親言論的影響，不但成了台灣第一位加入中國同盟會的會員，後來更以突破傳統的新式婚禮而轟動一時。

1915年，翁俊明自台灣總督府醫學校（現台大醫學院）畢業一年後，與曾經當過秀才的富紳吳筱霞長女吳湘蘋，在台南文廟舉行婚禮。這場被稱為「文明婚禮」的儀式，不僅突破了傳統婚禮的諸多習俗，請來載譽詩壇的連雅堂擔任司儀，新娘更是披上全台第一件純白的西式

吳湘蘋（前右二）是全台第一位接受正規新式教育，擁有正式學歷的女學生。中坐者為翁紹煥，翁俊明之父。

➡ 1926年，韓石泉這一場代表性的新式婚禮，為後來的婚禮樹立典範。

婚紗。婚禮進行的程序，包括了介紹人及主婚人致詞、證婚人訓示、男女雙方友人致賀詞，最後再由新郎及新娘致答謝詞，儀式簡單而又不失莊重，現場總共吸引了500多人觀禮，萬人空巷的盛況堪稱是台灣婚禮史上的一件大事。而這對夫妻婚後更是形影不離、如膠似漆，更為這場才子佳人的創新婚禮故事增添一樁佳話。

新世紀盛典 ── 韓石泉與莊綉鸞

韓石泉與莊綉鸞的新式婚禮，在當時亦是獨樹一格。

韓石泉是台灣台南人，16歲考進台灣總督府醫學校，卻在三年級時因反對學校販賣部壓榨學生，差點遭到退學，可以看出他與生俱來的抗議精神與「反不義」特質。他在畢業後開始懸壺濟世的生涯，並毅然加入台灣文化協會的活動，以「專制政治下的台灣」、「台灣社會改造觀」為題在街頭演講；「台灣民眾黨」成立時，他更擔任中央委員，出任主要幹部，主持過台南支部，在當時的政治場域非常活躍。

這位橫跨醫界與政界、才氣縱橫的年輕人，他的戀愛與婚姻故事的精彩程度，亦不遑多讓。擁有大好才學條件的韓石泉，甫自學校畢業，前來說親的名門淑女便絡繹不絕，但他卻堅持要自己決定未來的人生伴侶。他與妻子莊綉鸞兩人在

🔻 經過婚前戀愛的考驗，韓石泉夫妻更加了解愛與幸福的真諦。

自由戀愛了四年多後，才決定攜手共度一生，在自由戀愛仍算是駭人聽聞的那個時代，兩人毫不隱瞞婚前交往的舉措，可說非常前衛。韓石泉對女性的尊重，以及對婚姻意義的體認，從他的擇偶條件中可以看得出來：

「第一、不娶豪富女兒、不貪妝奩，蓋富女多嬌，憑妝奩而出色，余引以為深恥。第二、不娶才貌聞名之女子，

此等女子，難以合作無間。第三、不喜華艷之女子，反而酷愛幽嫻貞靜之村姑。第四、要受過相當教育，倘有合意者，使其再得深造之機會，亦所樂聞。」

而他全力支持莊綉鸞繼續進修，讓她順利考取台南第二高等女學校，也無疑是他尊重女性的具體實踐。後來他們兩人力排眾議，決定棄絕舊式婚俗，改舉辦的新式婚禮，亦十分引人矚目。他們摒棄了繁文縟節，力求簡單，既不如舊有以鈔票或嫁妝的數量來誇耀財富，更不歡迎許多不請自來的「觀眾」在婚禮現場揶揄，或是以不禮貌的舉動「看新娘」等，這在當時都是相當罕見的。

1926年3月31日，也就是新娘莊綉鸞自台南第二高等女學校畢業的第四天，這對新人舉辦了一場別開生面的新式婚禮，

蔡培火為證婚人，在儀式中新郎與新娘一起向親朋貴賓齊聲朗讀「結婚宣誓書」：「我們兩個人，自從大正十年(民國十年)六月二十六日以來，到今日約有四年十個月，此間自由交際，經過許多的試驗，沒有改變初衷。今天在這個神聖的場合，同意結婚，願自今天以後，各肩其責，相親相愛，至於無窮。力行夫婦最善的坦道，來建設美滿的家庭，進一步努力改善不合理的社會，盡了做人的責任，這是我們的誓約，謹此宣布於諸位先生之前。」

婚後兩人互相扶持、堅定不移的愛讓他們有如神仙伴侶，羨煞了許多人。

此後，鳳冠霞披、牌樓鼓吹及新娘上轎前的啼哭、拜天地祖先的儀式，逐漸地被台灣年輕人視為「老古董」而慢慢摒除了。正值青春鼎盛的他們，彷彿認為自己有著無限的生命可以恣意揮灑，總覺得真實的世界可以全然以眼波流轉，足跡的踐履去採探。直到日本戰敗，無數男女更是徜徉在終戰的激情裡，因為他們深信，島嶼的柔情，以及美好的錦繡前程，正在迎接著他們進入另一個美好的愛情新世紀……。

韓石泉（立者）首開風氣，與莊琇鸞（坐者）公開的自由戀愛四年，才決定攜手一生。

韓石泉夫妻有如神仙伴侶，羨煞了身邊不少人。

戰火浮生情

每日思念你一人 未得通相見 親像鴛鴦水鴨不時相隨 無疑會來拆分離
牛郎織女伊兩人 每年有相會 怎樣你哪一去全然無回 放棄阮孤單一個

—— 〈望你早歸〉

戰爭與愛情,都有著同樣不可遏抑的激情,深陷其中的人往往有著無可言喻的迷醉與崇高神聖之感。然而,當戰爭左右了愛情,甚至成了扼殺愛情的劊子手,為了成就國家的榮耀而喪失了個人的感情,這樣的犧牲,究竟值不值得?

送君到南洋

太平洋戰爭爆發後,日本政府大舉將台灣青年徵召到東南亞及華南戰線擔任軍伕,投入戰爭。為了祈求勝戰,日本政府在神社舉行的祈願祭、奉告祭等戰時祈願也在各地展開,神社成了許多男子與家人、妻子與愛人分離的場所。至於此去一別,未來是否還有相見之日,誰也不知道。

李臨秋於40年代所作的〈送君曲〉,生動而貼切地描繪出送夫出征的妻子無奈的心情:「送阮夫君欲起行,目屎流落無做聲。正手舉旗,左手牽子。我君啊!作你去打拼,家內放心免探聽。火車慢慢欲起行,一時心酸未出聲。正手舉旗,左手牽子。我君啊!身體顧勇健,家內放心免探聽。」

另外,創作於1947年的〈望你早

日軍大規模徵召青年投入戰事,今一別,誰都不知道哪天能再相見。

風雨終將結束,但戰爭帶給有情人的傷口卻難以癒合。

〈歸〉，亦深刻道出在故鄉望穿秋水，期待丈夫早日歸來的女性淒苦的心情。

在這場戰役中，數以萬計的台灣青年投入日人口中的「大東亞聖戰」，犧牲了兩萬八千多人，至於倖免於難的，往往也成了俘虜被關在集中營裡。當一個人被置於南洋偏遠的角落，再多的思念與情感的潰堤，都只能依賴自己的意志去克服、撫平，因為在那樣荒涼的異域，面對的只是自己，以及沒有盡頭的孤寂時光。這些「榮譽的軍伕」或奮力殺敵、或苟延殘喘，都只是為了要求得一條生路，好回到親人與愛人的身邊。不過，隨著時光的推移，他們究竟是生是死，故鄉的親友毫不知情；殘酷戰火的四起煙硝，早已拆散了原本恩愛的佳偶與夫妻，多少家破人亡、妻離子散的悲劇也因而產生。

等伊到心碎

作家李喬在〈蕃仔林的故事〉裡，曾以一位丈夫被拉到南洋當軍伕戰死的福興嫂為例，具體而微地描繪出戰爭的殘酷與對感情的戕害：

「在南洋當軍伕的福興叔死掉了。福興嫂聽了就大叫一聲暈了過去。大家把她救醒後，她就一臉臭臭地，眼睜睜死盯住人，不說半句話。過了半個月，福興叔的骨灰送回來了。聽說她並沒有哭，只是捧著那個盛骨灰的白木箱喃喃自語：說福興一定沒死，

徵召前的留影，影中人常常只能成為永遠的回憶。

婦人們忙著防空演習，藉以忘卻親人流離在外的擔憂。

一定是騙她的。

又過了幾天，她用鐮刀把白木箱撬開來──裡邊有一個小白布袋，上面寫著一些字，袋裡是兩碗那麼多的白砂子。她愣了一會兒把砂子撒在半空，忽然嘻嘻哈哈笑起來。

從這以後，她就變樣兒了。看到大男生就咯咯笑，邪眼看人很不規矩，據說還會出手拉人；有時不管阿毛阿狗，她都喊作『福興仔』。這時別人推開她，不理她，她就呼天搶地哭鬧起來。

用來撫慰在戰地家人的慰問袋，裡面裝有日常生必需品，其中必備的千人針是召集一千名女性各縫一針於木棉布上，據說綁在肚腹上可有神靈護體，躲過槍彈。

太平洋戰爭爆發初期，有許多軍事演習，右圖為一群男女正在觀賞軍演。

『福興仔，不要跑，不要不理我，我要和你睡覺……』她就這樣不要臉地大聲說。」

「福興嫂」的悲劇不只是小說裡的情節，更不時在真實的人生舞台上演。維持家計的青壯年男人，一旦被徵調入伍，家裡的經濟來源幾乎斷絕，因此家中女性不得不堅強起來，獨撐大局。

有的妻子在丈夫戰死他鄉後，因無法承受沉重的經濟負擔，不得不改嫁，甚至選擇自殺一途；有癡情男子因被調到南洋當軍伕多年，音訊全無，愛人在家庭壓力下決定下嫁他人，男子回來後為了弔念曲終人散的愛戀，決定終生不娶，孤老一生。還有丈夫因當軍伕數年，回到台灣後無法適應生活，鬱鬱寡歡，生活重擔全落

到妻子身上，使得原本柔弱的妻子只好拼命幫傭、到工地搬磚塊……兩人間曾經如膠似漆的感情，早已隨著現實生活的磨難與摧殘，而漸漸消失了。

矛盾愛情路

根據大戰期間慰安婦的調查研究，當年有許多原住民男子被徵召到海外當軍伕，部落裡的女性則被日警以到軍隊裡縫衣服、奉茶、打掃為名，把她們騙去作為日本官兵的性玩物。在殖民統治者的脅迫下，她們只能心痛地思念著丈夫逐漸遠邈的身影，只能躲在陰暗的斗室裡，喟歎自己不幸的命運……。

在洪金珠的《山深情遙——泰雅族女性綢仔絲萊渥的一生》這部口述歷史中，描繪深受殖民文化影響的泰雅女子綢仔絲萊渥，與日本兵大西一段奇特的感情。大西戰後不想回到戰敗國，為了躲避被遣送回國的命運，竟然死皮賴臉地央求綢仔絲萊渥收留他。綢仔絲萊渥基於愛情與「報恩」（報日本國對原住民

之恩），兩人便半推半就地開始同居生活，還曾有過一段亡命天涯的日子。

面對這段剪不斷、理還亂的關係，綢仔絲萊渥心知肚明：「我是死了丈夫的寡婦，而且還比他大三歲，大西絕不會是為了我而留下來，顯然他只是為了利用我在台灣生存下去」、「我早就發現這個男人不是好東西，但讓他一個人留在山上還是會擔心……」但綢仔絲萊渥卻又私心認為，兩人一路走來「是為了愛情才吃這些苦」、「人會因愛情而勇氣百倍，我們也因為愛情而無懼無悔」。複雜的感情糾葛，反映出綢仔絲萊渥徘徊在愛情與日本國家主義之間的矛盾。

1945年8月15日，日本宣布無條件投降，結束了在台半個世紀的歲月。戰爭所帶來的風風雨雨，在人民記憶裡所製造的傷口尚未癒合，另一批來自彼岸的疲憊士兵則在北台灣港口陸續登岸，他們帶著滿懷的祖國夢在這個島嶼療傷止痛，島國女子無限的寬容與溫柔，也讓他們漸漸有了在此落地生根的想法，緩緩的譜出一首又一首愛的樂章。

戰火下犧牲的不只是男性，被騙去當慰安婦的女性，一輩子都無法抹滅那可怕的陰影。

經過半個世紀的煎熬，慰安婦終於勇敢的向日本政府發出怒吼。

厮守　滄海之島

徜徉在1945的激情裡

人們以歡欣喜悅之心

歌頌未來的好光景

1949的疲憊士兵

涉過潮水在此落地

裡外人心，乾渴如枯井

無奈

人們穿越恐懼的蒼白

豐饒陽光才能照亮禁忌之愛

原來愛情有七彩

看你選擇何者走到下一個世代

舊老公 新老婆

五十幾年前，和先生、女兒一起從中國大陸來台灣，因為女兒生病，婆婆要我先把女兒帶回老家，想不到一回去家鄉就解放了，從此夫妻分隔兩岸，這一別竟然就快五十年……。

—— 馬張寶玉老奶奶

那是一個寧靜的午後，日本人已從台灣撤退，新的統治者來接收；雖然官方聲稱戰事已經結束，然而戰亂造成的傷痛尚未完全彌平，新的問題卻又接踵而至。

國共戰爭之後，國民黨政府要員與官兵來到了台灣，由於交通不便，又無法帶著家眷遠行，只有暫時將妻女安置在中國大陸，期待來日相聚。他們提著簡單的行囊，橫渡海峽來到了台灣，原本以為一旦政局回穩，就可以返回家鄉與親人團聚。沒想到台海局勢丕變，這一分離，竟是永別。

許多人從異鄉來到台灣，也在這裡找到幸福的新人生。

大太太變小老婆

在那個物質條件仍極度缺乏的年代，人人都在為了填飽肚子而拼命，尤其是飄泊到島嶼上的來台人士，他們上無片瓦，下無寸土，家鄉音訊被切斷，未來道路茫茫無涯。隻身來台，獨自守著城市的燈光與星空，在寂靜的午夜，他們

← 多少寂寞官兵，在這裡譜下戀愛曲。

兀自思念著遠在對岸的妻女，在期待中卻又伴雜著失落，不知什麼時候才能與他們相見。

撤退來台的男子，原本一心一意想著「反攻大陸，收復河山」，但日子一天一天的流逝，「反攻大陸」逐漸從信念變成了口號、從口號變成了希望、再由希望變成奢望，這時他們才瞭解到，想要「收復舊山河」的夢想，恐怕是此生無望了。於是，寂寞的男子有了留在島嶼安身立命的打算，有些單身者便在此尋找到感情的另一半，而已婚的男子也重新尋覓到生命的春天。

當這段新的婚姻進入生命之後，生活固然變得更為生氣盎然，卻也變得更為複雜，因為「重婚」不僅帶來法律的糾葛，更成為兩個家庭都帶來難以承受

的重擔。許多台灣小姐不顧家人反對，決意嫁給來自彼岸的男子，經過數十年的婚姻生活，夫妻倆胼手胝足努力奮鬥，終於闖出了一片天空，也建立起屬於自己的家庭堡壘。直到1987年兩岸通郵與開放探親後，一封封紛飛而至的家書，才讓已是成熟少婦的她們赫然發現，原來結褵多年的丈夫，在大海的那一邊早就已經有了「元配」，至於自己，竟只不過是個「二太太」！感情深厚的夫妻，經過不斷的溝通終能取得諒解，但也有不少伴侶為此反目成仇，大鬧離婚；也有台灣妻子礙於人情，只能無奈地看著丈夫的心逐漸往彼方傾斜。而有些精明的台灣妻子則是言明「只准匯錢過去，不許帶回台灣」，做丈夫的只好當起「空中飛人」，頻頻往來於兩個家庭之間，疲於奔命……。

一紙戰士授田證，藏有許多的故事及心酸。

勞軍活動，撫慰了許多在台官兵寂寞的心情。

捍衛寶島夫人

兩岸的阻隔與局勢的詭譎多變，拆散了許多恩愛的夫妻，也造成不少台灣妻子的辛酸。為此，1952年立委梅仲協就曾公開為再娶的「寶島夫人」爭取法律地位，可見這種兩岸重婚的情形有多麼普遍。為了解決兩岸重婚造成的問題，司法院大法官會議還曾為此做成釋字第二四二號解釋：

「中華民國七十四年六月三日修正公布前之民法親屬編，其第九百八十五條規定：『有配偶者，不得重婚』；第九百九十二條規定：『結婚違反第九百八十五條之規定者，利害關係人得向法院請求撤銷之。但在前婚姻關係消滅後，不得請求撤銷』，乃維持一夫一妻婚姻制度之社會秩序所必要，與憲法並無牴觸。惟國家遭遇重大變故，在夫妻隔離，相聚無期之情況下所發生之重婚事件，與一般重婚事件

究有不同，對於此種有長期實際共同生活事實之後婚姻關係，仍得適用上開第九百九十三條之規定予以撤銷，嚴重影響其家庭生活及人倫關係，反足妨害社會秩序，就此而言，自與憲法第二十二條保障人民自由及權利之規定有所牴觸。」

這樣及時的解釋，無疑是保障了這些「台灣妻子」明確的的合法地位。

破鏡終能重圓——張金山與高洋

分隔的陸塊在時代作弄下，成了夫妻生離死別的兩岸，但也有因戰亂分離不知生死、直到半個世紀後才再度聚首的感人故事。

1947年，二十三歲的張金山與十七歲的高洋在老家安溪結婚，婚後不久，張金山被國民軍捉去當壯丁，從此新婚夫妻分隔兩地。來到台灣的張金山曾想過從淡水坐船轉回安溪，但因為時局混亂回鄉夢碎，他只好留下來幫人耕田，過著刻苦的生活。

過去常有人問他，來台灣這麼久了，為什麼不結婚？張金山只是笑笑說：萬一自己結婚了，回老家卻發現妻子還在等著他，該怎麼辦？就這樣，四十年過去了，他始終不曾再婚。

1988年政府開放探親，張金山寫信回老家尋找高洋，才知當年的小妻子已經改嫁了。雖然如此，張金山還是決定回鄉

見她一面。相隔了將近五十年的光陰，終於盼到了這一天，只可惜兩人見面時，景物依舊，人事全非，縱然有千言萬語，卻也無從說起了。

1989年，高洋改嫁的先生去世，在取得兒女的諒解下，張金山決定請高洋到臺灣定居。雖然昔日愛人如今已是個風燭殘年、一貧如洗的老翁，生活只能靠她每天撿破爛補貼家用，但高洋卻一點也不後悔。她說，日子再怎麼苦都沒有關係，因為人生的晚年能再度與張金山在一起，她此生已無憾。

兩岸的分隔，也造成了若干「假夫妻」、「假兒女」的奇特現象。有些老兵飄零了大半輩子，始終沒有成家，即使存夠了錢返鄉看看親友，卻因不好意思一個人形單影隻地回去，便佯裝自己已成家立業，還跟朋友借相片帶回家鄉，謊稱相片上的人是自己的家小，只為讓老家的父母開心開心。一張張既虛假又真實的影中人，對照到老兵現實慘淡的人生，多麼地令人不忍！

移動的風顏在時間的擺渡裡流轉又流轉，成千上萬「寶島夫人」的心，仍有如被揉皺了的紙船，載不動這因乖張時代所造成的許多愁……。

四十多年未再娶，張金山（右）終於盼到結髮妻子高洋重回到身邊。

分隔四十多年，透過黃憲東議員（左一）的協助下，破鏡終於重圓。

冤家變親家

漳泉蜂然而起，數日之間攻破粵人七十餘庄，被殺不計其數，所存新埔、芎林堵禦而已。而閩人反報地方官粵庄有窺伺塹城之意，受屈何如者！謂粵人焚殺閩人，任誰稟之情尤為冤抑。

—— 清道光年間新竹湖口客家人向官憲陳情文

時光的流轉，空間的變換，早已讓人忘卻那段族群衝突的歷史。隨著閩南人與客家人通婚的情形逐漸普遍，許多人的記憶開始被刷淡，那些曾具體發生的紛爭，無聲無息地消失無蹤了。只是當「娶某要娶客人某」、「嫁恁勿嫁客人仔」的說法，不經意自人們口中竄出之際，仍會讓人不禁回想起那段不愉快的過去。

爭田爭水爭天地

自鄭氏王朝時期以來，許多農民從廣東、福建等地來台開疆闢土，追尋新生活，在這些移民當中，有閩南人，也有客家人。清朝領台之初，施琅為避免閩、粵反清勢力再度集結，嚴禁潮州與惠州的客家人渡海來台，這個政策幾乎延續了近一個世紀，造成客家人在台人口成長的停頓，因此終為大量來台的閩南移民所取代。到了十九世紀末葉，台灣島上250萬的漢人當中，只有25萬人是客家人。

後來閩南人與客家人為爭取土地不斷發生衝突，族群間的械鬥時有所聞，更增加了彼此的惡感與敵意。尤其是發生在康熙年間的「朱一貴事件」，這起台灣史上第一次的閩客械鬥事件，使得兩個族群的嫌隙正式搬上檯面。

只要有愛，冤家也能變親家。

1721年，屏東檳榔林（現屏東內埔義亭村）的客家人杜君英，率領子弟兵攻打清兵，原籍漳州的閩南子弟朱一貴也率眾起義攻打岡山，之後兩路人馬匯流攻打鳳山縣城，夾攻清軍。清朝官兵眼見朱、杜大軍來勢洶洶，未戰先退，朱、杜軍隊進而攻陷了台灣府城（台南市）。這也是台灣閩南人與客家人首度團結合作、打倒統治者的歷史性事件。只可惜杜君英與朱一貴為了爭奪王位交惡，後又因杜手下的客籍士兵強奪閩南女子被朱一貴所殺，閩、客關係急遽惡化。

朱一貴決定先下手為強，派兵攻擊杜君英，發生「血洗赤嵌樓」的慘烈事件。杜君英家鄉的客家子弟風聞親友被閩南人欺負，決定對附近閩南人村庄展開報復行動。朱一貴眼見閩南人被客家人攻擊，又派遣軍隊大舉南下，支援閩南人攻打客家庄。這場連續不斷、兩敗俱傷的大型械鬥，造成了日後數百年兩個族群之間難以磨滅的裂痕。

一戰方平一鬥又起

此後，台灣由北至南的閩、客械鬥日復一日，循環不已。從道光年間漸盛，到咸豐年間漳泉四縣慘烈的械鬥，雙方激戰之慘烈令人髮指，許多村庄遭到毀滅性的攻擊，幾乎面臨絕種的威脅。根據客家研究者黃榮洛的調查，竹東有一戶黃家，

在道光年間閩客械鬥時避難來到了竹東，理由是「被閩南人親家（女兒的公公）持白刃脅迫驅走，是親家欲搶奪他家產業之故。」對此黃榮洛下了如是結論：「至親之親戚也如此貪婪，就可察知很多是趁閩客械鬥中，滅絕客家人。」可見閩客的仇恨與成見之深。（「客家人的台灣史」，收錄於《徘徊於族群與現實之間》）

眼見閩客鬥爭愈演愈烈，出生苗栗後龍、也是台灣的第一位進士的鄭用錫寫下「勸和論」一文，希望閩、客能捐棄成見，攜手團結。文章一開頭「甚矣！人心之變也，自分類始。其禍倡於匪徒，後遂燎原莫過，玉石俱焚。」可見鄭用錫對械鬥之深痛惡絕。他對共處一區的同胞「所望於同鄉共井者，各盡友道，勿相殘害。」對漳泉之爭或閩客之爭「自分類興，而元剝削殆盡。」

最後他希望：「願今以後父誡其子，兄告其弟，各革面，各洗心，勿懷夙忿，勿踵前愆，既親其所親，亦親其所疏，一體同仁，斯內患不生，外禍不至，漳泉、閩粵之氣息，默消於無形，譬如人身血脈，節節相通，自無他病，數年以

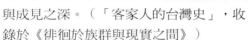

早期的民間的廟會活動，可以嗅出族群間的緊張氣氛。

有應公廟中大多收埋因械鬥而亡的無主孤魂。

◍ 曾寫下「勸和論」一文的鄭用錫，對族群間的械鬥深痛惡絕。

◑ 隨著時間的流逝，閩、客之間的成見已日漸淡化。

後，乃成樂土，豈不休哉。」

文章不過短短的六百餘字，卻道盡了知識分子對閩、客衝突的憂心。

經過官方與地方人士不斷的仲裁，以及勢力範圍的再分配，閩客械鬥到了1860年後就逐漸停止了。曾有論者認為，這是清廷欲開始積極「開山撫番」，努力把「閩客矛盾」轉化為「漢番矛盾」策略奏效的結果。

不過，或許是族群的刻板印象，或許是族群的優越感作祟，即使昔日的武裝衝突已不復見，仍有不少人固執地認為閩客通婚勢必會引發問題；也有人認為，因為客家人特別重視血統的純粹性，向來對與他族群通婚有反感，所以會形成了與其它族群間一道無形的牆，因此在這個階段，閩客通婚的例子仍不多見。

閩客一家親

到了日治時代，閩客緊張關係已和緩下來，國民政府來台之後，更鮮少有人再提起那段腥風血雨的歷史。分類械鬥雖已成過去，然而閩客通婚造成的大小紛爭，卻不曾停歇，但直到今天，還是有很多人說，娶妻要娶客家女，嫁夫要嫁外省郎；而一般人仍對客家婦女有著「勤儉持家」、「內外粗細工作一肩挑」的既定形象，相對地也認為嫁入客家家庭一定會「做很多事」、「吃很多苦」。

曾有客家男士在與女友訂婚當天，因對方家裡發現他的客籍身分，讓丈母娘當場罵自己是倒了八輩子楣，才會不小心把女兒嫁給客家人；一位六年級的黃先生也不諱言，他閩南籍妻子的祖母始終對他的客家身分「有點意見」；也有客家雙親對娶閩南媳婦感到「恐懼」，認定閩南媳婦「好吃懶做」、「愛漂亮」……等。

時至今日，閩、客械鬥已成歷史陳跡，而且隨著大量的通婚，彼此的認識愈來愈多，衝突也愈來愈少。至於「嫁尪勿嫁客家仔」的說法，不妨就當作是歷史的殘餘，一笑置之吧！

來自他鄉的愛

來到台灣，沒有錢也沒有房子就罷了，但總得有個老婆吧！
　　　　　　　　　　　　——來自四川的榮民

1940年代中期，一百多萬來自中國各省的人們為了躲避戰亂，涉過了烽火濤浪的險厄來到台灣。這些來台人士中，有60餘萬都是隨著國府撤退的軍人，男女人口比例懸殊，約為1.56：1（當時本省籍男女比例則為1.05：1）。也就是說這批「外省第一代」，絕大多數都是男性。

芋頭蕃薯

南國的暑熱，日人遺留下來的飲食與生活習慣、以及日日夜夜傳來的木屐聲響，在在讓他們感到陌生難耐。一開始，他們非常無法適應，就連一覺睡醒，都會忍不住咒罵起漸趨明亮的白天，然而命運既然安排他們留了下來，他們只有努力忘卻過去，學習接受島嶼的一切。

外省人初到台灣之際，受到228事件的影響，使得本省人對他們普遍不信任，甚至懷有敵意；再加上語言、文化與生活習慣的隔閡，彼此之間並沒有好感。此外，薪俸不高的外省軍人，也令本省父母擔心女兒「將來一定會吃不飽，而且反攻大陸後會把她帶走」而憂心忡忡。

然而在愛情的世界裡，什麼事情都可能發生。隻身離開家鄉的外省男子，人在異地總是特別需要感情的慰藉，當溫柔的台灣女子將手輕輕地交給他，恰似無盡的柔情傾洩滿溢，一股怯懦而又慌亂的感情，頓時在他的血管裡沸騰了起來。那樣灼熱的情感讓他感動，也感到燙手，因為

劉慕沙為了與朱西甯相愛相守，不惜刊登「脫離家庭關係」的啟事。

105

婚後一年多回家，劉慕沙的醫生父親（前左）才勉強承認了朱西甯（左一）這個女婿。

朱、劉兩人婚後感情甚篤，還將三位女兒都培養成了知名女作家。前排右起朱天心、朱天文、朱天衣。

朱西甯（右）和劉慕沙不顧雙親的反對遠走高飛，圖為蜜月時留影。

他們心知肚明，這段感情的路或許會走得巔巔簸簸，這是兩個不同世界的結合。

阿兵哥戀醫生女──朱西甯與劉慕沙

在當年，由於省籍的差異，許多情緣被迫分離，不過當感情襲來時，熱戀中的男女對愛情是沒有絲毫懷疑的，也決定任憑年輕的心，去探索未來無限的可能，於是有人決定偷偷私定終生、為愛遠走高飛，追尋自己真正的幸福。

朱西甯是祖籍山東的窮困阿兵哥，劉慕沙是醫生家庭的客家女兒，兩人基於共同對文學的愛好，透過密集書信的魚雁往返，談了一場刻骨銘心的情書戀愛。六十多封的書信往返，再加上四次的會面、加起來不到二十四小時的相處，讓年輕的劉慕沙做出此生最重要的決定：她要嫁給朱西甯！

雖然雙親強烈反對，劉慕沙在決定時卻沒有太多的眷戀。帶著幾件簡單的衣物，一本名歌選合唱集，她獨自從新竹悄悄搭上南下列車，投奔正在南部服役的朱西甯。朱西甯後來寫信給劉的雙親報平安，沒想到劉父看了信之後，氣得將信撕個粉碎，還撂下一句氣話：「當兵的沒有一個好東西！」後來兩人為了公證結婚，還不得不刊登脫離家庭關係的啟事，並在小小的宿舍前照了張相片做為紀念；一直到婚後一年，劉慕沙的父親才勉強承認

了這個女婿。朱西甯與劉慕沙這段驚濤駭浪的私奔記，也因為朱西甯與其女兒朱天文、朱天心們日後在台灣文壇上的成就，成為傳唱不絕的佳話。

而50年代，中壢保守客家村落的許娘妹，遇到了來自中國大陸的士官蔡學金，兩個年輕人情不自禁地墜入愛河，決定廝守終生。18歲的許娘妹為了追求所愛，完全不顧家裡所有人的強烈反對，決心跟著蔡學金，隨著他的部隊到處移防，蔡學金的部隊從台北、楊梅、一路調到了金門，許娘妹也一路相隨；每換一個地方，蔡學金就會想辦法租房子，安置許娘妹。這份堅貞的感情，在得到許娘妹大弟力挺後，整個家族也才漸漸認同了這段婚姻，這位與她感情深厚的大弟，就是前民進黨主席許信良，而蔡、許婚後的愛情結晶，則是文壇才子蔡詩萍。

葉菊蘭與夫婿鄭南榕的愛情故事，也是一例。客家女兒葉菊蘭與外省子弟鄭南榕是輔大同學，兩人認識不到兩個月，鄭南榕便在學校公布欄裡張貼兩人的「訂婚啟事」，警告其它男同學別想動未婚妻的主意。不過他們的交往卻因省籍因素遭到葉家反對，於是勇敢的女兒忍痛離開父母，與男子雙雙攜手、遠走高飛。婚後兩人感情甚篤，羨煞了不少人。

1989年，鄭南榕在他創辦的《自由時代》雜誌刊登「台灣共和國憲法草

⬆ 單人單車、為愛同遊。

案」，被國民黨政府以叛亂罪起訴，他以自焚的激烈手段抗拒逮捕，不幸身亡。丈夫的死亡固然給未亡人蝕骨的心痛，卻也開啟了她的政治意識，未幾，葉菊蘭毅然辭去高薪的廣告公司主管職務，全心投入政治運動，以完成丈夫的未竟之志。時間的疏離與隔絕，並沒有中止他們的愛，因為鄭南榕的堅毅與深情，永遠活在葉菊蘭的心靈深處。

後山相依偎

與此同時，也有些清苦的低階外省軍人，因為與妻兒失散，或是找不到台灣姑娘願意下嫁，而選擇與原住民女性結婚。文化的差異、年齡的懸殊、早期社會

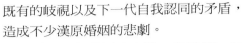

🔼 鄭南榕轟轟烈烈的事蹟，也帶給後人無限的懷念。

🔽 許多榮民後來與原住民女子結婚，共組家庭。

既有的岐視以及下一代自我認同的矛盾，造成不少漢原婚姻的悲劇。

根據當年「反攻大陸」的政策，已婚軍人三、四十年不得與家人聯繫。早期未婚的來台士官兵更被規定不許結婚，只有年滿二十八歲的軍官才可以結婚，種種規定的牽制，讓這些軍人到了可以結婚的時候，都已較正常婚齡超出了許多，他們的積蓄有限、人地生疏，想要找尋合適的結婚對象，自是難上加難。

1954年，政府為了照顧退伍士官兵成立退輔會，舉凡興建橫貫公路、開闢農場、成立森林開發處，都十分重用他們。這群被蔣介石稱為「榮民」的退伍軍人，既沒有積蓄當聘金迎娶一般台灣女子，又有著傳宗接代的壓力，因此常有機會迎娶原住民女子也就順其自然的接受了。1970年代花蓮泰雅婦女嫁給外省老兵的熱潮，就是一例，對於這些榮民來說，能娶到老婆就是幸福了，是什麼族並不重要。一位與泰雅族女性結婚的榮民是這麼說的：

「結婚本來不想要山地人，可是我想我們年紀這麼大，自己階級又小，心裡感覺要光棍一輩子也不好。我太太沒要聘金……，認識一個禮拜就訂婚了。」（胡台麗〈芋仔與蕃薯〉，收錄於《族群關係與國家認同》一書）

外省榮民會與原住民女子結婚，大多自知在婚姻關係上較一般年輕人缺乏競爭條件，而不少原住民女性也希望透過嫁給榮民，能夠擺脫貧困無依的生活，藉此洗去以往對原住民的負面印記，因此「同為天涯淪落人」的漢人榮民與原住民女子，就這樣相依相偎的過起婚姻生活。

雖然其中文化與年齡的差距，以及經濟條件的困境，使得家庭暴力、妻子發生背離、丈夫酗酒……等問題隨之而來，但其中當然也不乏彼此的珍惜呵護，一起白頭到老的幸福故事。有些榮民認為，娶妻最大目的是為了讓自己有後代子嗣，即使不是親生的，他們也甘之如飴，這樣才不致於落入孤獨終老一生的命運。那隱而不露、對幸福家庭單純的渴望及嚮往，實在令人鼻酸。

如今島嶼的景色依舊，有雲有風還有山巒，無數異鄉人在這塊島嶼的戀情仍然持續地在發生。他們或許並不知道、也不想回首過往的愁緒，與艱難的歲月。他們決定向歷史擺擺手，為了追求毫無禁忌的愛情，昂首闊步地繼續邁向充滿希望的明天……。

愛在恐懼蔓延時

從媽媽下定決心不再尋找爸爸的那一天起，她就表示眼淚已經流盡，以後不再哭泣。……幾十年來，我們幾個小孩，也從不曾在媽媽面前提起過爸爸，或任何有關二二八事件的事情。

—— 阮美姝《孤寂煎熬四十五年》

在死亡的國度裡，不許回首，唯一能夠做的便是遺忘。然而當愛情遇上了死亡，曾經那樣的深情與付出，怎麼可能遺忘，又怎麼可以遺忘？

1947年台灣發生的228事件，奪走了許多寶貴的性命。許多悲慘的故事可能隨著男性的驟逝而一併遭到埋葬，然而事件中的每一段辛酸，卻是由女性未亡人承擔了下來。縱使強權的蠻橫，迫使她們不得不長年噤聲不語，但是她們依舊堅持活下去，以無言的吶喊代替激情的抗議。

噤聲悲慟

228事件發生後，不幸犧牲的台灣高等法院推事吳鴻麒的妻子楊𪻠治對這件悲傷的往事，始終隻字不提。直到事件過了四十餘年後，當年的真相逐漸明朗，她才終於打破沉默。她說，自己在看到丈夫慘死的屍首時，既不哭也不叫，只是強忍住內心的悲痛，默默地為丈夫清洗著滿是泥濘的屍體，再換上乾淨的衣服。她對同是228遺族家屬、《台灣新生報》總經理阮朝日的長女阮美姝，說出自己多年來的苦楚：「你比我還幸福，因為你沒看到你爸爸慘死的屍體，你想想看，當初我抱回丈夫的屍體，為他擦淨身子時，鮮血才湧出，宛如活生生的人回來……所以你不懂得驚怕。」（阮美姝《孤寂煎熬四十年》）

阮美姝的母親、出身鳳山望族的林素也與楊𪻠治一樣，在228事件後一直過

台灣新生報總經理阮朝日（右二）失蹤後，全家歡樂的情景從此不復見，右為長女阮美姝。

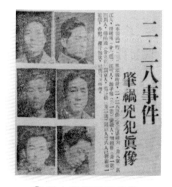

↑ 官方報導二二八事件的兇犯照片。

↓ 阮朝日的愛妻林素（左）與當時六歲的女兒阮美姝。

→ 郭琇琮在學期間便組織過抗日團體抵抗日本政權。

著悽涼落寞的生活。這位兒女眼中「聰穎靈慧、豐美秀麗」的母親，年輕時備受丈夫的寵愛，身上穿的、戴的都是阮朝日為她選購的禮物，夫妻倆在社交界十分受到矚目。只是美滿的日子在夫婿驟然「失蹤」後，就再也回不來了，此後林素絕口不提阮朝日的名字，並將所有漂亮衣服送給別人，也不再梳妝打扮，一直到臨終前，她仍喃喃地對女兒說道：「我要到另一個世界去尋找他……」話語中隱而不露的感情，令人動容。

蒼白的戀情

50年代的國府徹底執行反共政策，任何反政府的思想，唯一的罪名就是「匪諜」。這段「白色恐怖」時期，拆散了許多有情人，更撕裂了他們的心。

家境富裕的郭琇琮在就醫學院時，曾與同學組織大漢民族抗日團體，被日警判刑五年。畢業後他擔任台大醫院外科醫生及台大醫學部講師，並被推舉為「台灣學生聯盟」主席。228事件後，他與畢業於日本女子大學的妻子林至潔，眼見政府的腐敗十分痛心，決心團結民眾從事武裝起義。林至潔回憶這段往事時說：

「被白色祖國拋棄的台灣人，當時只能帶著憤慨投靠蔡孝乾。（中國共產黨「台灣省工作委員會」書記，1950年被國民政府逮捕。）當我們見到曾參加中共二萬五千里長征的蔡孝乾時，受到很深的感動。……在日本五十年的高壓統治下，台灣人對中國政治完全沒有判斷能力。一方面因二二八事件以來對國民黨的憤慨、二方面因為想要改變台灣的命運，只希望先將階級打平，解決社會問題，完全沒有想到爭權奪利。擁有的只是熱情、誠懇、完全坦白。」

後來，郭琇琮與林至潔雙雙以「匪諜」罪名被捕入獄，林至潔被判刑十年，而郭琇琮則被判處死刑。1950年，郭琇琮在從容奔赴刑場之前，只留下一封簡短

林至潔（右者）與郭琇琮雙雙投入武裝起義，遭到判刑十年。

的遺書給他的愛妻：

「至潔，請交待爸爸、媽媽，把我的屍身用火燒了，灑在我所愛的這片土地上，也可以對人們種空心菜有些幫助呢！請勇敢的生活下去……。」

白色恐怖的陰影固然拆散了許多恩愛的夫妻，卻也不意造就了許金玉與辜金良的姻緣。

許金玉原來是一個養女，十四歲時開始做女工，她因參加讀書會受到左翼思想啟發，走上了工運之路。曾有人警告她說，走這條路遲早都會坐牢，甚至有生命危險，但年輕熱情的許金玉並不害怕，她認為既然出來做，就要有心理準備，最後她以「參與叛亂組織」為由被起訴，在牢裡度過了整整十五年的歲月。

出獄後在難友陳明忠夫婦的介紹下，許金玉認識同是50年代政治受難者的辜金良。共同的理念與遭遇，讓惺惺相惜的兩人決定攜手共度餘生。那時，她已是四十五歲的中年婦女了。熬過牢裡最痛苦的日子，出獄後卻因過去的「案底」找工作很不容易，並不時受到警總騷擾，令拮据的生活更形困苦，但這對革命夫婦卻不曾放棄，他們胼手胝足開了一家皮蛋行，以患難與共的精神相互扶持，而那間小小的皮蛋行竟成了他們的革命基地，實踐著他們始終不曾動搖的勞動理想。

綠島百合

到了仍然風聲鶴唳的60年代，一位純情的綠島女孩愛上在綠島服刑的政治犯。這樣的感情似乎註定將以悲劇收場。人稱「綠島百合」的蘇素霞，是綠島鄉南寮村人，年輕貌美的她是島上官兵追求的對象，然而眾多男子的求愛，並沒有讓蘇素霞沖昏了頭。

1963年，綠島新生訓導處為慶祝「總統華誕」，舉辦了一場「太平艦復仇記」的話劇演出，擔任女主角的蘇素霞對劇中的男主角、因「海軍台獨案」被捕的政治犯曾國英情有獨鍾，二人開始魚雁往返，互訴衷曲。不料兩人的戀情卻因信件曝光而被戀慕蘇素霞已久的劉姓軍官發現。蘇素霞因為害怕曾國英受到牽連，便主動答應了劉軍官的求婚，希望藉此換取曾國英的平安，但在她內心深處卻始終心繫著愛人，並對自己無力改變情勢而感到痛苦不已。

綠島百合蘇素霞。

絕望有如一把無情的刀刃，向她的心靈與肉體直劈而來，在極度沮喪與灰心的心情下，終於在婚後的第三天，蘇素霞選擇在台東知本溫泉服毒自殺，為這段在恐懼瀰漫的時代氛圍下、一段有緣無分的三角戀曲，留下無言的結局……。

當然，還有更多有名無名的、已知未知的愛侶，因政治因素而被迫切斷了感情。直到今日，還有許多死亡的魂魄仍未找到安頓的終點，歷史也還沒有還給他們公道。然而，他們的未亡人還是堅毅地活了下來。因為他們相信，只要心存著那份愛，就有活下去的勇氣。他們耐心、靜靜地等待，等待著最終正義的審判。

革命愛情變奏曲

前民進黨主席施明德與艾琳達的婚姻，已在多年前譜下令眾人愕然的休止符。那段揉合了理想與熱情的愛戀，當事人已不願再多提，回首前塵，往事仍有如微微的春風。

1978年施明德與艾琳達結婚，一直被外界視為是樁「政治婚姻」。艾琳達曾坦承，當年參與反對運動的她很擔心被驅逐出境，而被國民黨視為眼中釘的叛亂犯分子施明德也需要外國婚姻作為保護，於是兩人便決定結婚。她從不期望施會是個好丈夫，以及這段婚姻能否天長地久，然而施明德因美麗島事件入獄後，被遣送出境的艾琳達仍積極為營救夫婿奔走，不離不棄，可見兩人仍有著外人無從窺知的深情。

這段特殊的異國婚姻，卻在1994年施明德出獄後產生了變化。十餘年時間與空間的隔閡、施明德的多情與浪漫、以及外界加諸艾琳達「台灣媳婦」的壓力，都讓這位激進的女性主義者深感痛苦。後來她因為與當時為民進黨主席的施明德的外交策略理念不盡相同，演變為夫妻感情破裂的導火線。1995年艾琳達訴請離婚，並將一只花瓶在施明德面前砸碎，聲明不願意再當他感情世界裡的花瓶；而施明德則以「夫妻情已逝，兄妹情更濃」，為兩人婚姻下了這樣的註腳。這段因政治而結合的婚姻，終究因政治的因素而黯然結束。

女性覺醒與性自主

在我們的社會中，女人活在一個次等的國度裡。她們在恐懼中成長，在壓抑中形成自我，在受教育的路上坎坷，在就業工作的過程中挫折。

—— 何春蕤《不同國女人》

　　浸淫在戀愛喜悅中的女子，總覺得任何美妙的奇蹟都有可能發生，但現實中的愛戀卻不都是甜美的。

　　二次大戰後，各國女性大量投入經濟生產事業，充分彰顯了女性獨立自主、不必依靠男人的實力，然而彼時的台灣卻未受到這種潮流太大的影響。許多女性在談戀愛之後，往往會在親人、男友及社會輿論的壓力下，還是選擇做個全職的賢妻良母，料理家務。因為「事業成功的女人，婚姻都不會成功」的烏雲，始終籠罩著女人頭上的那片天，不曾散去。她們一直天真地以為，工作、金錢、成就感乃至於個人的自尊，只要是為了愛的緣故，全部都可以拋棄。

睡美人甦醒了

　　這一切到了70年代，卻有了轉變的契機，促成這個轉變的關鍵人物，就是呂秀蓮。1971年，留美學人呂秀蓮眼見整個社會竟然在討論「如何防止大專女生過多」，就連「大專科系應設男性保障名額」的聲音都跑出來了。為此，憤怒的她發表〈傳統男女角色〉一文，揭櫫男女應互為平等、分庭抗禮的精神。曾在美國親炙女性主義的她，以「新女性主義」為名，提出「先做人，再做男人或女人」，以及「是什麼，像什麼」的觀念，強調以人為本的男女義務與性別分

工。她經營「拓荒者出版社」，出版《男性的解放》、《男人背後的女人》等書，在1976年完成「家庭主婦現況」的問卷調查，探討台灣女性的問題與處境；此外，她還成立了「保護妳電話專線」，為不幸被遺棄或遭受強暴的女性提供必要的法律、醫療與安全服務。

呂秀蓮「前衛」的舉措，敲醒了沉睡男女的性別意識，但也引來惡劣的攻擊，有人批評她「心理變態」、「想挑撥男女感情」，還詛咒她「一輩子嫁不到丈夫」。其實以現代的標準來看，呂秀蓮企圖在傳統兩性分工架構內求取平等、要求女人仍應溫柔嫵媚，以及對西方性解放的鄙視，都算是頗為溫和的主張，但如此委婉的言論，在當時卻還是引起各界強烈的批評。

有了呂秀蓮的拋磚引玉，1982年婦運健將李元貞等人以「喚醒婦女、支援婦女、建立平等和諧的兩性社會」為宗旨，成立《婦女新知》雜誌，可說是水到渠成。這份雜誌批判「傳宗接代」、「重男輕女」等道德雙重標準，並大量譯介西方女性主義經典著作與思潮，積極參與討論相關法令的立法過程，在充滿石礫與芒刺的男性沙文主義社會中，奮力散播著女性自覺的種籽。解嚴後，蟄伏許久的社會力迸發出來，女性團體相繼成立，婦女運動也逐漸被視為民主運動的一環了。

1989年，高中教師施寄青撰寫的《走過婚姻》，為長久以來飽受歧視的離婚女性，開拓出一條新的出路。在這部台灣第一本離婚女性的獨白裡，曾飽受家暴之苦的作者，將自己從遭逢婚變到離婚的經過生動地描述出來：知道先生外遇時的驚惶失措、為了挽救婚姻的瘋狂行徑、被迫分居卻遭經濟封鎖、離婚帶著小孩的生活窘境、到最後認清事實的心路歷程。內容字字血淚，打動撫慰了有著相同處境者的心靈，也鼓勵女性不再甘於做婚姻的弱者，勇敢地活出自己。

解放新女性

二十餘年下來，先驅者的努力已逐漸改變男尊女卑、三從四德等根深柢固的觀念，不婚、離婚已十分普遍，婚前性行為更是稀鬆平常。即使是未婚生子這種就傳統來看極其「前衛」、「不道德」的行徑，也在胡因夢、殷琪等名女人的實踐下，似乎亦取得了某種「正當性」。

1994年何春蕤《豪爽女人》的問世，更是吹起了一聲高亢拔尖的新觀念號角。既不侷限於60年代西方「性解放」的主張，更打破了傳統醫學界「婚姻內性開放」的觀點，《豪爽女人》以灑脫豪邁的姿態，結合80、90年代西方女性主義理論，大膽討論女性的身體與情慾、性騷擾、外遇與外慾、多重性伴侶、愛情與

傳統女性經常為了婚姻放棄自己的人生目標。

探討婚姻與情慾的書籍，開啟了女性封閉以久的心防。

婚姻等議題。在長久以來性知識、兩性關係與戀愛守則一面倒向「順從男性」的情況下，何春蕤大膽地殺出重圍，主張女人應正視自己身體，勇於追求性快感，震撼了整個社會。但經過媒體偷窺式的扭曲與片斷式的解讀，「我要性高潮，不要性騷擾」的觀點，不只造成衛道人士的反感，也引起包括女性主義團體在內兩極化的反應。不過，確實有不少女性是在《豪爽女人》的召喚下，才釋放了困惑許久的情慾問題。

90年代《金賽性學報告》帶動了各種「性書」的熱賣、性笑話與情趣商品逐漸普及、24小時播放的鎖碼成人頻道、同性戀、網路上的虛擬性愛……等，過去被道德枷鎖與權力束縛為「羞恥」、「見不得人」的性與情慾，成為稀鬆平常的社會現象。

如今，男男女女在情人節當天，頂著白花花的豔陽，花上幾個小時在精品旅館門口排隊，只為了進房「辦事」的畫面，也自然而然的蔚為城市一景了。此後，一場既寧靜、又喧嘩的性觀念革命，悄然地在各個角落次第展開。

⬆ 何春蕤（右）鼓勵女性大膽的正視自己的身體與情慾。

日治時期的婦女運動

在日治時代之前，台灣女性沒有財產權與經商權，連自己的婚姻大事也得靠父親兄長做主，可以說完全是處於男性附屬的地位。

1920年以降，女性解放的言論有如雨後春筍般地出現，《台灣民報》是傳播這類主張的根據地。《台灣民報》標舉殖民地的三大解放目標：民族、階級及女性，而在時間順序上，女性也同樣居於三者之末。因此有研究者認為，這樣的解放論其實女性本身並未具有主體性，而只是隱含著工具性與輔助性。就整體而言，婦女運動並不特別熱絡。

1932年以後社運本身日趨困窘，投身社運團體的女性社運分子，也因失去戰場而黯淡下來。此後，女性運動沉寂了將近半個世紀，一直到70年代呂秀蓮提出「新女性主義」之後，女性解放言論才又再次於島嶼正式發聲。

同性之愛

這就像我的根！我不再為同性戀而感到罪惡、不再覺得令家人蒙
羞，我還是我，勇敢地做自己！

—— 知名作家許佑生

那是個以往幾乎沒有人敢觸及的敏感地帶。許多人潛藏在內心對同性愛的渴求，因為被視為是背德的、不潔的，而不願意去正視。然而不敢觸及、不願正視，並不意味著沒有騷動，他們對自己與其它人的「不同」，始終抱持著畏怯的心情。只是長期以來受到囚禁的情感，就像是蟄伏已久的細胞在體內不斷地繁衍滋生，即使外界充滿了嚴厲的譴責，仍無法阻止他們愛與慾望的流竄。

模糊的同志

台灣較早有關同性戀的記載，或可追溯到「開台始祖」鄭成功的父親鄭芝龍。一部出現在明末清初的手抄本《浮海記》裡，形容鄭芝龍與當時活躍於日、台等地的海上武裝集團頭子李旦的關係是這麼說的：「有李習者，巨商也；往來日本，與夷狎，遂棄妻子，娶於夷。（鄭）芝龍少年姣麗，以龍陽事

之；李以萬金，託之持歸付妻子。會李死，芝龍匿之。」文中的李習，應該就是李旦。不過這類稗官野史的記載，應以穿鑿附會的可能性居多。日治時代連橫的《台灣語典》卷三裡，亦出現有「扒貓」一詞，指的就是同性戀。除此之外，史料中極罕見有關同性戀者的記載。

晶晶書庫的同志手繪象徵同志王國的彩虹國旗。

隨著社會的開放，性別認同不再是難以啟齒的話題。

同性戀在史料上的付之闕如，與官方對「同性之愛」採取的嚴峻、清教主義式的看法絕對有關。不僅官方如此，民間亦對同性戀抱持排斥與不齒的態度。60年代，美國爆發著名的同志酒吧「石牆事件」。美國格林威治村一家同性戀者常光顧、名叫"石牆"的小酒吧，當地警察把他們看不順眼的同性戀者抓到警局扣押，造成同性戀者與警察的衝突事件。那是當地同性戀者第一次起來反抗警察的不當處置，這一事件很快蔓延到美國各地，導致全美同性戀者一起站出來聲援和抗議，從此揭開了同性戀運動的序幕，但此時的台灣社會卻仍對同性戀刻意避而不談、視而不見，並視其為大逆不道。這群被社會拒斥的隱形族群，頂多只會偶爾出現在「變態」、「醜聞」、「同性戀導致殺機，男子死於斷袖之癖」的社會新聞中，露出曖昧模糊的身影。

孽子之愛

彼時，這些苦悶的邊緣人總是在新公園（今二二八紀念公園）聚會與交流。這是他們唯一公開現身的場所，即使警察會三不五時進行無理的盤查與管制，但他們始終固守著這片「聖地」不去。因為同性戀者愛與罪之間的界線，是如此的模糊，他們看不到光，唯有在這裡靠著同志彼此間的互相取暖，他們才有活下去的勇氣。

70年代「玻璃圈」一詞開始出現，成為男同性戀社群的代名詞，意思是取玻璃的透明性與易碎性，正如不斷被外界與媒體以偷窺眼光來呈現的男同性戀。與此同時，坊間亦開始流傳部分知名藝文界人士、明星與作家是「我輩中人」的說法，但當事人不是矢口否認，就是低調不願證實。因為在充滿嘲諷、虛偽與謊言的世界裡，「同性戀」有如變態、黑暗、猥褻的同義詞，他們連那三個字都說不出口。

1977年，長篇小說〈孽子〉連載於《現代文學》復刊號第一期。內容除了揭開新公園的神秘面紗，作者白先勇以細膩動人的筆觸，敘述在新公園夜色的掩護下，一群被社會唾棄的黑暗之子的絕望與希望。他們失去了溫暖，竟仍然可以付出溫暖；他們的愛被剝奪，卻仍然持續地付出愛。白先勇以動人的手法，描繪出同性戀的愛恨情仇，其中固然有殘暴墮落的場景，更有高潔感人的愛情，也讓原本存有偏見的異性戀者瞭解到，在諸多以訛傳訛的流言蜚語外，其實同性戀者與一般人並沒有什麼不同。

陽光男女

時序進入90年代之後，同性戀運動漸漸明朗化，過去較為人忽略的女同性

晶晶書庫為隱身在社會、人群角落裡的同志，建立一個認同的空間。

紀錄片《豔光四射歌舞團》，是一部關注同志空間與身分認同的電影。圖為記者會。

同性戀正名為「同志」後，黑暗之子從此有了光明的新身分。

（右圖）同志議題近年來逐漸受到國際性別研究學者的廣泛探討。圖為學者參觀同志書店「晶晶書庫」。書庫負責人阿哲（左二）、性別研究專家何春蕤教授（右二）。

（左圖）許佑生與何葛瑞勇敢舉辦台灣第一場公開的同志婚禮，場面溫馨感人。

戀議題浮上檯面，也有若干同性戀者公開「出櫃」，在陽光下坦承自己的性取向。透過媒體輿論的力量，一般逐漸將慣用的「同性戀」正名為「同志」，讓「黑暗之子」從此有了光明的新身分。

此後，台灣第一個同志團體「我們之間」、「台大男同性戀問題研究社」、台灣第一個同志教會「同光教會」等相繼成立、女同志刊物《女朋友》的出版；而專為同志設立的「晶晶書庫」，更是將書店設立在人潮絡繹不絕的鬧區，公開懸掛代表同志的彩虹旗，打造出一個屬於他們的「家」，讓同志族群回歸社區，也讓更多人可以清楚的認識、並接納他們。愈來愈多的男女同志邁著勇敢而堅毅的步伐，挾著靈動輕盈的生命活力，在異性戀主流社會裡，試圖開闢出自己的路。

1996年11月11日，知名作家許佑生

與烏拉圭籍男友何葛芮（Gray Harriman），以驕傲的心情現身，舉辦台灣第一場公開的同志婚禮。他們在掛著巨幅彩虹旗的舞台上，在數百名識與不識、同性戀與異性戀者的祝福中，完成了終身大事。雖然這場婚禮並不為法律所承認，婚禮場外也有人舉牌抗議，指責「同性戀結婚是違反法律、人倫與天理」，但兩位真心相愛的男子在眾人見證下，哽咽地訴說一路走來的心酸與感觸，令在場觀禮人均為之鼻酸。

逝去的日子裡充滿了悵惘，無情的狂風暴雨，更曾在記憶深處製造了不少傷口與痛楚。家破人亡、妻離子散的故事，固然寫滿了同性戀者的生命史，卻也鍛鍊出他們更堅強的意志。為了忠於自我，他們付出了極多，然而這樣無悔的付出，正是愛的代價。

外國來的新娘子

剛來時我是外籍新娘，轉眼六、七年過去，現在的我，身分證、國籍都有了。我是未來的主人，我已經忘記我是外籍新娘了，偏偏別人卻記憶猶新。

—— 某印尼裔「外籍新娘」

　　她們在回憶的時候，未必是像人們在回憶不願觸及的事情時，那樣帶著悲傷彆扭的心情，而像是在回憶著一種命運，一種使人想重新再經歷一次的命運。雖然有不少人認為，那只不過是一樁交易式的婚姻；但對有些人來說，那不是交易，而是為了愛的奉獻與犧牲。

婚姻結構逆差

　　1987年台灣中南部的農村、漁村家庭裡，開始出現來自東南亞國家的外籍新娘。她們多半是透過仲介公司的廣告與介紹，與在台灣不易娶妻的男子相親，男方在中意後談妥價碼，兩人很快在當地辦理結婚手續，而後女子再以觀光名義來來台灣結婚。如今，台灣已有高達三十萬名來自東南亞的「外籍新娘」。

　　來自異國的新嫁娘，懷抱著改善家計的夢想，以及為未來人生尋找新出路，決定嫁給僅見過幾次面的台灣郎。風光的婚禮與優渥的聘金，有如一縷清新愉悅的

青春幽夢落入她們的命運，使她們對未來的生活有了無比美好的想像。只是，陌生的語言、文化與風俗環境，以及因外籍新娘多半來自東南亞等國家，社會上有意無意的歧視與排斥，使得沒有深厚感情作基礎的婚姻很容易問題叢生。而選擇「外籍新娘」的男性多半一廂情願的認定她們「比較乖巧聽話」，迎娶後只想著傳宗接代，常常忽略妻子隻身在台的孤單感受，

外籍配偶在台灣因國籍不同，而有不同的際遇。

119

為了入境隨俗，外籍新娘努力的學習國語演說。

外籍配偶的人數在台灣不斷激增，也生下了許多新台灣之子。

也是造成她們婚姻不幸的原因之一。

異鄉之夢

語言與婆媳問題，是許多外籍新娘心中的痛。來自印尼的阿芬，才來到台灣的第三天，就因聽不懂婆婆的話而被臭罵了一頓；還有越南媳婦阿娟，因為夫妻兩人語言不通、又缺乏感情基礎，常被家人當成是買來的「免費傭人」及生孩子的工具，只要做錯一點事就挨打，她才剛掉下眼淚，婆婆便指責她：「我們花了三十萬，不是娶妳來哭衰的！」。

親朋鄰里對外籍新娘「看戲」的心態，也常常是造成夫妻緊張關係的原因。若有男子到東南亞相親成功，等待妻子來台灣的期間，街坊鄰居也跟著期待，「你太太什麼時候來？」成了彼此打招呼的方式。等到外籍妻子來台，兩人婚後相處的點滴，更成為大家茶餘飯後閒聊的話題，單純的婚姻成了眾所矚目的焦點，半年簽證期限，有如考驗異國婚姻的關卡，旁人一句句關心與問候，常造成當事人極大的心理負擔。

遭到家人惡意的虐待，也是不少外籍新娘的處境。來自越南的段式日玲在夫婿與前妻聯手毆打、拘禁、禁食等慘無人道的虐待下，一度骨瘦如柴、瀕臨死亡的邊緣，還被遺棄在路邊，震驚社會一時。如今已恢復健康的她，並不特別想回越南老

家，反而希望能在台灣過著全新的生活。而惡劣的台灣丈夫詐欺落跑，毫不知情的外籍妻子只得一肩扛起債務，欲哭無淚的案例，亦屢件不鮮。

1993年開放中國大陸配偶來台定居以後，來台人數高達十九萬人、並正以每年二萬人速度增加的「大陸新娘」，或許是因語言相通之故，並非透過仲介、而是真正經戀愛結婚的夫妻並不在少數。只是兩岸關係的緊張、根深柢固的省籍情結，以及「假結婚真打工」、「假結婚真賣淫」等負面消息充斥，還是讓不少「真結婚」的中國配偶，吃足了苦頭。

嫁給老榮民的沈有梅（化名）為了貼補家用想出去工作，可是雇主一聽到她是「大陸人」，即使有工作證，卻多半都會拒絕她，好不容易找到了清潔工或是在

餐廳幫忙的工作，薪資卻比台灣人低，讓她深感無奈。可見除了工作難尋，生活上的歧視亦處處可見。

來自中國的配偶遭受家暴的案件也不少，其中因經濟因素導致衝突的情形最多，還有丈夫以扣留證件或是拒絕申請的方式作為要脅控制的手段。更有配偶明明已可以申請身分證，丈夫卻拒絕簽字，原因是怕妻子拿了身分證之後，便「不再乖乖聽話了」。

別再叫我新娘

其實台灣並不乏幸福的「外籍新娘」或「大陸新娘」，許多真正經過自由戀愛而結婚的更有甚者，只是媒體常以受虐、老夫少妻、子女學習成就低來形容她們，很容易造成外界的負面觀感。隨著通婚的案例不斷增加，政府也漸漸的重視了外籍配偶在台灣的問題，許多學校、社區大學開始積極舉辦如識字班、烹飪班等課程及聯誼活動，幫助她們融入台灣這個新家庭；民間團體也熱情伸出援手，協助她們度過難關，如賽珍珠基金會、南洋台灣姐妹會以及東森慈善基金會等，都舉辦過輔導、救援服務，還會舉辦「關懷台灣新移民」之類的公益活動，除了實質幫助許多在經濟上或生活上陷入困境的台灣外籍配偶外，更讓她們盡情的大展廚藝、表演各國特色舞蹈，讓許多人大開眼界，藉此

終於結業了，得到等待已久的證明與肯定。

對外籍配偶的刻板印象也成了她們適應新生活的阻礙。

讓外界更加了解及尊重她們的風俗習慣。

許多人至今仍習慣以「外籍新娘」或「大陸新娘」來稱呼，多少都帶有點歧視的意涵，因為「外籍」這個字眼意味著不論她們嫁到台灣多久，永遠都只能是「外人」，況且結婚多年的她們，早已不是「新娘」了。來自福建的徐茂珍，自承剛嫁到台灣的時候非常不習慣，關在家中好比坐牢。隨著生活圈子的擴大、親人朋友的支持、以及即將為人母的喜悅，她對自己的身分有了不同的想法：

「由不習慣到習慣，由陌生走到成熟，我的精神我的意志，都融入了台灣，所以我不願接受這樣的稱呼。我既已嫁為台灣媳婦，我希望我就是台灣人，無論走到哪裡，都和台灣女性一樣，地位平等，不要被貼上標籤。稱

外籍配偶們大施廚藝，讓愛心代言人陳美鳳（右）大開眼界。

呼雖不代表什麼，但也是對人的一種尊重……。我是一個平凡的女性，希望台灣社會平等的對待，人際交往被稱為「某某小姐」或「某某太太」，相信所有的外籍新娘、大陸新娘都如此的期待著。能擁有這樣的稱呼，我們將更感覺到台灣的山更青翠，台灣的水更甜美，台灣的人更親切，我的先生更體貼，台灣也將更有溫情。」（引自徐茂珍〈請不要一直叫我大陸新娘〉，第146期岡市女性電子報。）

徐茂珍這番誠摯的告白，應能代表許許多多身在台灣的外籍妻子，說出她們的心聲吧。

△ 菲律賓外籍配偶協會受東森慈善基金會的邀請參加台北燈會，演出傳統美妙的傳統舞蹈。

阿兜仔 洋女婿

對於許多台灣的「洋女婿」來說，來台灣是人生中的偶然，在台灣結婚更是生命中的意外。

根據外交部的統計，台灣約有三千名「洋女婿」，這些外籍男子來台教書、旅行，大多沒想過在此久留，也沒想到會遇上生命中的至愛。然而熾熱的愛戀，還是讓他們決定在台娶妻，定居了下來。

嫁給「洋女婿」的Jenny與外籍男友談戀愛時，對方並沒有結婚定居的打算，後來兩人結伴去自助旅行了半年，家人認為他們應該要結婚，「否則傳出去也會很難聽」，兩人才決定「定下來」。很多傳統的上一代都認為外國人「性觀念很亂」，以至於有些「洋女婿」在與台灣女孩交往之初，便被女方家人要求其父母得來台證明他們沒有過任何婚姻記錄。曾有台灣的準岳父在婚前便撂下狠話：「我們台灣人不喜歡離婚，如果你將來拋棄我女兒，我們會殺掉你！」令這些「洋女婿」哭笑不得。

△ 何瑞元(右)與妻子陳燕銀的婚禮。

在台灣人的觀念裡，女婿是「半子」，被女方家庭視為「自己人」，一般對「洋女婿」的觀感，也比「洋媳婦」、「外籍新娘」要來得友善。不過由於法令對居留與工作的限制，還是讓「洋女婿」的生活頗受困擾。過去與本地人結婚的外籍配偶，按規定婚後在台住滿十一個月，可以申請依親居留證，並可在台居留三年，但無永久居留權。他們申請居留簽證時，除了護照、結婚登記證明、財力證明外，還必須出具健康檢查證明和無犯罪記錄或良民證，使得他們的在台生活顯得困難重重。

在台居住了二、三十年、一口流利國語的「洋女婿」何瑞元，為了爭取永久居留權，曾在1994年組織了「外籍配偶人權促進會」，集合五百多位「洋女婿」，為在台外籍配偶權益奔走。1999年5月14日「入出國及移民法」三讀通過，首度賦予特定外籍人士與外籍配偶永久居留權。這些為了愛而在異鄉落腳的台灣半子，經過漫長的等待，終能安心地與生命中摯愛女子長相廝守了。

離婚與自由

父子兄弟以天合者，夫婦以義合者。
以天合者，無所逃於天地間，而以人合者，可制以去就之義。
—— 清代學者錢大昕

在婚姻的殿堂裡，人們總是許諾要白頭到老，長長久久。但天長地久也有時盡，當愛情走到了盡頭，曾經相愛的兩人選擇分離，究竟代表的是婚姻神話的破裂，還是未來幸福的再出發？

同林鳥兒不同心

在中國傳統的婚姻觀裡，夫妻是「天合」的，是種根本的人倫關係，不能任意離棄。不過為了順應實際狀況，官方還是允許夫妻有條件的離異。「唐律」及「宋戶婚律」裡即有「義絕離之條」，規定「若夫妻不相安諧，而和離者，不坐」，舉凡丈夫生死不明或失蹤、丈夫毆打妻子、妻子家人或夫妻中任何一人通姦，都可以要求離婚；夫家會通知妻家做好贖身字，由妻家支付贖金或是退還聘金，再將妻子帶回娘家。

在傳統封建保守的氛圍下，離婚是男性獨享的權利。「大清律例統撰集成」：「婦仁義當從夫，夫可以出妻，妻不得自絕於夫。」清楚點出了離婚的主動權，完全操之在男性手裡的事實，只要丈夫不滿意妻子、移情別戀、喜新厭舊，隨時都可以「七出」中的任何一條加諸於妻子身上，無條件要求離婚。圍於有限的經濟能力，已婚女性終其一生都會擔心被丈

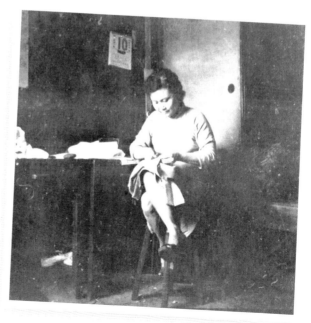

傳統女性在婚姻中常居於弱勢，備受壓抑。

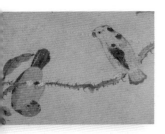

夫遺棄，無論婚姻生活再不幸，也只有忍氣吞聲不敢離異，身心自由均被剝奪。

離了婚的女人，既沒了夫家，又不被娘家承認，往往連娘家的祭祖活動都沒有回去的權利，就連死了之後牌位也沒地方擺放，成了孤魂野鬼。這實在是父系社會對離婚婦女最殘忍的責罰！

1906年，台灣首次出現妻子主動訴請離婚的案例。雖然法令並未明文規定女性可申請離婚，但顯然日本司法體系還是提供了她們主動離婚的管道，顯示逐漸由家務勞動轉投入一般勞動市場、取得相對經濟自主性的台灣女性，已不再甘於淪為婚姻中絕對的弱者。

1945年之後，國民政府將「無因棄妻」、「七出棄妻」等法令正式刪除，保障女性在婚姻中的基本權益，但是法令對判決離婚的條件卻仍有許多限制，除非夫妻任何一方有重婚、通姦、不堪同居虐待、惡意遺棄、患不治惡疾、重大精神疾病、生死下落不明、意圖殺害對方或被判處徒刑等行為，否則就不能申請判決離婚。因此與丈夫冷戰多年仍無法離婚的妻子比比皆是，丈夫不

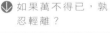

如果萬不得已，孰忍輕離？

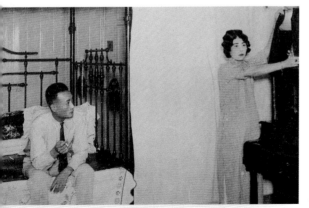

務正業，太太兼負起家計，還得看丈夫臉色的妻子亦在所多有；加上社會輿論常常以道德性的訴求討伐離婚，讓許多在不幸婚姻中掙扎浮沉的女人，總是在「離婚都沒有好下場」的恐嚇聲中被迫噤聲，她們的痛苦，始終無人聞問。

直到1984年，東吳大學林蕙瑛教授集結了十幾位離婚女性，成立了非正式組織「拉一把協會」，給予女性心理上的支持，終於讓離婚姊妹有了一個可以傾訴心聲的地方。草創初期，協會的成員以家庭主婦居多，由於缺乏社會奧援，曾數度瀕臨解散的命運，但她們還是不斷透過辦演講、聚會與心理諮詢活動，幫助孤立無援的離婚女性。負責宣傳的「離婚教主」施寄青則積極在各地演講，大大提升了協會的知名度。之後，「拉一把協會」正式轉型為「晚晴婦女協會」，與各地生命線與民間團體舉辦活動，鼓勵女性勇於走出婚變陰霾，並提供相關心理、法律等諮詢，造福了無數茫然不知所措的失婚女子。如今，「晚晴」已不只是「離婚女性之家」，更已將服務的觸角，深入到單身、已婚女性的生活各個層面了。

單飛的世紀

根據內政部的統計，台灣離婚率從1989起開始「起飛」，以每年一千對的速度逐年增加，近十年來的離婚率成

長了1.15倍，平均每天就有178.1對夫妻離婚。至於要求離婚的理由更是「千奇百怪」，像是指責另一半「不事生產」、「花錢如流水」、「不陪同看電影」、「外出時保持距離」、「另一半性格極端無法相處，自己快被逼瘋了」，常讓法官不禁大嘆「清官難斷家務事」。

離婚率與女性要求離婚案例的升高，顯示了女性教育程度的提高，所以提升了她們獨立自主的能力，得以脫離對男性經濟的依賴。不過就許多離婚判決的案例來看，顯然台灣女性距真正的「自主」，仍有一大段距離。一般在打離婚官司時，若是妻子不堪虐待離家出走，丈夫可以提出「惡意離棄」訴訟，如果妻子沒有在限定時間內回家，丈夫則可進一步訴請離婚。問題是通常法院公文都是送到夫家，離家妻子根本收不到。另外，若是懷孕妻子指控丈夫「惡意離棄」，法官常會因妻子有孕而認定「丈夫無惡意離棄之意圖」，做出「妻子只要多加打聽，就會知道丈夫下落」的裁決。過去曾發生以下的案例：妻子因被丈夫毆打，以「不堪同居虐待」訴請離婚，沒想到法官竟然以「夫妻間偶爾失和毆打對方，尚難認為不堪同居之虐待」、「丈夫毆妻屬吵架中必有之現象」、「家中不可免之管教」等等荒謬絕倫的理由，否決她離婚的要求，令人愕然。此外，在打離婚官司的過程中，也常將「惡意遺棄」、「與人通姦」、「不堪虐待」的證據，赤裸裸地攤開來讓公眾來審判，夫妻兩方即使離成了婚，日後見面也難免眼紅。

孰忍輕離

除了司法判決的偏頗，以及輿論一面倒地對離婚女性的批評，更造成她們心理沉重的負擔。即使到了今天，「某人前妻」、「單親媽媽」、「二度單身」等字眼加諸在女性身上，仍會換來旁人異樣的眼光。還有離婚女性被禁止逢年過節回娘

◀ 婚姻是契約，也是一輩子的承諾。

▲ 傳統社會裡，離婚是婦女的汙點。

▼ 施寄青（左三），鼓勵失婚婦女走出婚變陰霾。

離婚率日漸攀升，單親媽媽獨立撫養子女的比例也愈來愈多。

家，理由是「免得丟人現眼」，也有離婚女性被人看作瘟疫般敬而遠之，認為她一定有什麼不為人知的缺點，才會被「拋棄」。其實男女愛戀繾綣，經過重重考驗克服萬難結為夫妻，之後共負家計、撫兒育女，其間不知經歷了多少同甘共苦的日子，如果萬不得已，孰忍輕離？

一位結婚三十多年才離婚的女性曾深深感歎：「同年齡伙伴中幾乎人人為我們的事覺得難受。以前常常是家庭與家庭在一起的聚會關係，現在有許多丈夫不知要怎麼和我這個單身女人應對，他們看到我就一副不太自在的神情。」如此尷尬的處境，說明了離婚女性的為難，遠遠勝過離婚男性的處境。

當愛已成往事，再多的責罵與批評或許都是多餘。告別婚姻，究竟是陰是晴？烏雲的背後，或許是一片蒼茫茫的天空，也可能是一片夢想中的迦南美地。

第一位離婚的女醫師

台灣第一位女醫師蔡阿信，也是日治時代少數主動訴請離婚成功的女性。

十餘歲便考上了日本唯一一所「東京女子醫科大學」的蔡阿信，第一次參加留日台灣同學會時，認識了幾名參與台灣民族運動的熱血青年，其中一位叫做彭華英。經過蔣渭水的居中牽線，兩人於1924年結為夫妻。婚後蔡阿信在台中開業，彭華英協助處理醫院的行政事務。不過熱中政治運動、有「台灣第一位社會主義者」的彭華英在蔣渭水過世、台灣知識分子反日運動受挫之後，個性轉為消沉，每天藉酒澆愁。有人嘲笑他不但沒能力工作，還得在家幫老婆，讓他自尊心頗為受創，兩人感情日漸疏遠。

後來彭華英因政治因素避走中國，結交了一位京劇花旦女友。蔡阿信在得知丈夫移情別戀後，決定不再苦守徒留名分的婚姻，立刻慧劍斬情絲要求離婚。恢復單身身分的她，思索著從前一段紛擾的感情裡抽拔，遂決定赴加拿大開業，並幸運地在冰天雪地的異國，覓得了相契的另一半，梅開二度。既有著女性的嫻雅，又有男性氣魄的蔡阿信，終於在走過離婚陰霾多年後，找到了人生的第二個春天。

愛戀‧一個人

想欲郎君做尪婿　意愛在心內　等待何時君來採　青春花當開
聽見外面有人來　開門該看覓　月娘笑阮戇大呆　被風騙不知
—〈望春風〉

　　愛情或婚姻並不是每個人生命中的必然選項或必經過程。有的人還來不及品嘗愛情的甜美，就提早告別了人世；有的人則是基於宗教信仰、人生規畫等因素，決定終生不婚。就一般世人的眼光來看，「單身」無疑是人生最大的遺憾，但對於經過深思而決意獨身的人來說，他們堅毅的信念猶如一雙精亮的眼睛，在陌生而荒涼的人生道路上灼灼發著亮光。

尋覓另一半

　　在台灣開墾早期有許多單身的羅漢腳，他們沒錢沒閒，對結婚對象並不挑剔，就算終生不婚也無所謂，打一輩子光棍的人頗為普遍。不過一般而言，人們仍然強烈反對「不婚」，尤其將單身女性視為是「有問題」的人，究其原因，自然與強調家族與婚姻的傳統價值有關。

　　男大當婚，女大當嫁，是天經地義的事。特別是女人的身分，全要由「男性關係」決定。未婚從父，婚後從夫生養男性子嗣，死後登上夫家祖宗牌位，如此的人生才算是圓滿。因為在一個父（夫）居、從父姓的家庭結構裡，女人只能是「某某的女兒」、「某某的妻子」、或「某某的母親」，也就是說，唯有透過婚姻，女性才能夠擁有正式的社會身分。如果有女性遲遲未婚，不是被視為染有惡疾，就被認為心理不正常。因此，缺乏獨立生存能力的女性，即使想要維持單身狀態，常常會在經濟與社會的雙重壓力下，不得不選擇嫁為人婦。

　　至於早夭未婚的女性，也會囿於「曆內不奉

抱持獨身主義的人經常受到親友過分的關心而感到困擾不已。

127

獨身是孤單還是另一種自由？

祀姑婆」的習俗，牌位不能進入家祠，而改以「姑娘廟」的型態，安置她們漂蕩的靈魂。

台北縣石碇鄉有個很有名姑娘廟，祭祀著一位名叫做魏扁的姑娘。傳說魏扁生於清朝年間，年輕時便因故夭折。後來有個叫曾桂的人，不知情買下了埋葬魏扁的墳地後，腳部無緣故無長起爛瘡。他到處求神問卜，才知魏扁因無人祭祀，希望曾桂能為她撿骨。於是曾桂自掏腰包為魏扁建了這座姑娘廟，沒想到廟建好沒多久，腳疾也就神奇地不藥而癒了。為了安撫或是免除「女鬼」作祟使早夭女子的魂魄有所依歸，以免「危害人間」，是設立姑娘廟的原因。

不過民間相傳，姑娘廟裡奉祀的女性在雖然陰間「長大」後，還是會有結婚的念頭，因此有所謂「姑娘捉尪」的說法。位於高雄的「旗津二十五淑女墓」，就是一個例子。1973年一艘由從旗津中洲駛往前鎮間的渡輪不幸翻覆，造成廿五位前往加工區的年輕女工死亡。這些少女「雲英未嫁卻慘遭滅頂」，高雄市政府與罹難者家屬特別設置一處墓地來悼念她們。但是地方上卻盛傳，這些少女的魂魄常常在晚上出來「捉尪」。若有男性開車經過墓地，車子就會自動熄火、被女鬼拉扯，如此駭人的說法不僅讓遊客與路人感到害怕，更是對單身死亡女性的二度傷害。

年輕早夭的少女，同樣期待著像世間女子的愛情。圖為石碇著名的姑娘廟魏扁之墓。

也有人是因宗教理由獨身。佛家認為五濁惡世的無邊罪惡，主要起因於男女及經濟的占有，因此男不婚、女不嫁，出家修行是大好之事，也得以解脫穢染身心的凡塵俗世。天主教的神父、修士與修女，也是藉著獨身來體會神的恩典與慈愛。但多半為人父母者還是對兒女「出家」持負面看法，不捨兒女棄絕塵世而到寺院教堂「受苦」。他們不是憤怒兒女竟不顧栽培之恩，就是愧疚自己忽略兒女的需要，無法及時引導他們步入結婚「正途」。數年前，中台禪寺舉行集體剃渡儀式之際，有若干父母竟不顧兒女想在宗教中提升自我的心願，蠻橫地闖入寺院想將兒女「搶出來」，足見台灣社會對「獨身」、「不婚」的不解與反感。

就是不想結婚

近年來台灣單身人口已有愈來愈多的趨勢。十年來，十五歲以上單身人口增加了一百萬，其中女性增加36%，男性增加19%；而二十到四十四歲的育齡女性，10人中有4.2人仍是小姑獨處。即使這些單身者身心健康、經濟獨立，也有親密的伴侶，只是不想步入結婚禮堂，但一般人仍對他們仍有著怪脾氣、有缺陷、沒情趣、生理缺陷、心理變態、逃避責任、性無能等刻板印象。

2000年呂秀蓮就任副總統一職以來，對她強悍政治風格反感的人，不時以她「老姑婆」的身分大作文章；前立委游月霞曾因不滿兩岸政策，在國會殿堂公然羞辱單身的陸委會主委蔡英文是「老處女」……等。由於社會的保守力量無法掌握、亦無法歸類單身者與不婚者，只好對他們保持敵意進行醜化。其實有些人並不排斥愛情，只是婉拒婚姻，而有些原本抱定獨身主義的男女，往往會在親友輿論的逼迫下勉強步入婚姻，結果不僅害了自己，也苦了對方。

單身除了是個人感情方式的選擇，也可能是經濟條件造成的結果。根據內政部的統計，2004年底全台十五歲以上未婚人口有624萬9669人，男性345萬2830人、女性279萬6839人，換句話說，有將近一半的人是處於單身狀態。其中女性未婚人口佔所有女性人口的30.91%，與前年的30.64%、2002年的30.42%、2001年30.38%來看可謂一路攀升，這或許跟婚後女性生活品質普遍降低有關，導致女性結婚意願逐漸下降。有愈來愈多的未婚者不結婚的主要原因，已被「經濟問題」取代了過去的「未遇理想對象」而躍居首位。分析家指出，在高失業率已成趨勢的情況下，有愈來愈多年輕人寧可選擇獨來獨往、繼續談戀愛而不結婚、與情人同居，或是吃住都跟著父母，當個「單身寄生族」，不肯輕易地步入結婚禮堂，挑起「成家養家」的重擔。

不過在眾多對於單身、婚姻調查統計的結論裡，是否只是傳統觀念對單身者再一次的否定與歧視？仍有待探討。

愛情多美好，卻不一定要走入婚姻。

愛情大幻影

問彩雲何處飛 願乘風永追隨 有奇緣能相聚 死也無悔
我柔情深似海 你癡心可問天 誓相守長繾綣 歲歲年年
—— 電影〈彩雲飛〉主題曲

影像的說服力往往能勝過滔滔的雄辯。即使是在歷史現場缺席的人，透過電影或真實、或想像的呈現，啟發出無限的想像力。縱使電影並無法確切地反映出歲月流逝的痕跡，然而情節裡紅藍綠女的愛恨嗔癡，無論經過多少年的時光流逝，仍能深深牽動著人們的心。

百看不厭的戲碼

台灣在日治時期便有電影院，但多半是引進日本電影，一直到了20年代才開始自行拍片。起初只有無聲電影，後來改拍有聲電影，但囿於法令限制，必須配上日語發音才能上市。戰後國語電影多半是配合「反共抗俄」路線的政治宣傳片，內容並無特出之處。1955年首部16釐米的「六才子西廂記」以及次年35釐米的「薛平貴與王寶釧」問世，由於是以閩南語發音，讓人備感親切，非常受歡迎。由此也開啟了閩南語影片的黃金時代。

早期的閩南語愛情片，多半是鴛鴦

◆ 改編成電影的瓊瑤小說作品「幾度夕陽紅」，男主角楊群（右）與女主角江青（左）。

◆ 日治時期的電影多半由日本引進。

蝴蝶派、卿卿我我的悲劇。像是「雨夜花」、「安平追想曲」、「見君一面」、「愛你到死」、「雨中花」、「雷雨之夜」等，內容不外乎描述癡情女主角等待心上人而歷盡滄桑，男主角卻嫌貧棄舊、移情別戀的故事。雖說情節陳舊俗套，卻頗符合一般對女性的看法與期待；且在國共對峙與美蘇冷戰局勢中，多少安撫了人們鬱悶的情緒。早期閩南語電影也曾推出過比較寫實的愛情故事，例如「兩相好」敘述青年男女渴望自由戀愛的心情、「龍山寺之戀」描繪外省姑娘與本省男子戀愛過程、「悲情鴛鴦夢」講的是童養媳悲情無奈的婚姻……等，在在反映了男女交往與婚姻的狀況。只是隨著題材的限制、製作的草率以及國語片的興起，閩南語電影便漸漸沒落了。

國語片當道之後，「梁山伯與祝英台」掀起的熱潮，堪稱台灣電影史上的奇蹟。「梁祝」的情節人人耳熟能詳，才子佳人的故事也頗為老套，但1963年電影首映時卻非常轟動，一連放映了好幾個月，一共賣出了九十二萬張門票，也捧紅了女扮男裝的主角凌波。當年凌波來台參加金馬獎頒獎典禮，有二十萬人在街道上爭睹她的風采，盛況空前。「梁祝」賺進了無數少男少女的熱淚，或許說明了正因驚天動地的愛情，出現在平凡人身上的機率不高，因此人們必須透過電影，才能滿足心理上對刻骨銘心感情的缺憾。

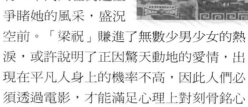

「梁祝」的轟動，也反映了人們心裡對刻骨銘心愛情的嚮往。

三廳電影

同樣的結論，似乎也可以用在70年代瓊瑤式的愛情電影。以愛情小說起家的瓊瑤，在1963年以小說《窗外》初試啼聲，從此在文壇享有盛名。1965年《煙雨濛濛》、《追尋》（電影片名為「婉君表妹」）、《啞女情深》等作品相繼被搬上銀幕，開啟了瓊瑤式電影的濫觴。

隨後李行執導的「彩雲飛」、「心

電影情節裡的愛恨情仇，都牽動著觀眾的心情起伏。

60年代瓊瑤的小說陸續搬上大銀幕，圖上為李行導演的「啞女情深」，圖下為「幾度夕陽紅」。

「愛情」是電影百演不膩，觀眾也百看不厭的戲碼。

有千千結」、「海鷗飛處」以及瓊瑤自組電影公司拍攝的「我是一片雲」，一再打破電影票房記錄。此後，像是《感情的債》、《塔裡的女人》、《北極風情畫》等其它作家筆下的小說，亦紛紛成為電影改編的目標。一時之間，唯美的愛情文藝電影儼然成了電影主流。

瓊瑤式電影描述愛情的完美純粹、男女主角的特立獨行與感性纖細、兩人戀愛時保守扭捏的性態度，既滿足了觀眾對愛情的想像，又符合社會對兩性交往的尺度。此外，電影裡演員、場景以及音樂的完美組合，也是其成功要素。以豪華的「三廳」（客廳、餐廳、咖啡廳）作為純情男女的戀愛空間，既健康（不會隨便進臥房）又唯美。加上甄珍、林青霞、秦漢、秦祥林等帥哥美女固定班底的演出，滿足了觀眾對愛情美麗的期待；而出自瓊瑤之手、意境飄緲的電影主題曲，再經由鳳飛飛、劉文正、高凌風、江蕾等當紅歌星的詮釋，更是為電影加分不少。

瓊瑤的愛情王國從寫小說、編寫劇本、拍電影到寫主題歌等一氣呵成、一貫作業的流程，成功地將她個人的寫作事業企業化、商業化。電影中充滿古典詩詞歌賦的愛情語言，劇中人物文藝腔十足、有如虛構般的詩意名字，以及男女主角各從海灘一隅、向對方飛奔而去的經典畫面，都早已成為四、五年級生青春歲月裡不可磨滅的共同記憶。

文藝片全盛時期的玉女明星林青霞曾說：「我想那段時間的文藝片比較屬於幻想式的，跟現在不一樣。因為那時候大家生活水準不好，不像現在經濟起飛；大家嚮往的、想看的都是那些富貴人家的生活，電影即反映當時社會，反映現實。什麼樣的戲反映何種時代的需求。」點明了愛情文藝片成功的原因。因此，當台灣的教育與經濟能力提升，貧富與階級差距日益縮小，唯美浪漫的愛情文藝片遂逐步失去了它的夢幻力量。這時，「新電影」浪潮乃趁勢崛起。

1982年，由楊德昌等執導的「光陰

的故事」，揭開台灣新電影的序幕。有別於傳統文藝片的是，新電影的愛情並不刻意營造「愛情可以填補經濟或階級差異，甚至相互包容」的假象，而是以寫實的角度，探討女性在社會變遷中的地位與角色。隨後「油麻菜籽」、「看海的日子」、「童年往事」等片，便嘗試為在傳統兩性關係中，飽受壓抑的女性發聲；「海灘的一天」、「青梅竹馬」、「我這樣過了一生」更反映了女性突破僵化愛情觀的束縛，尋找新的身分認同的過程。

從「薛平貴與王寶釧」的封建愛情觀、「梁山伯與祝英台」以女扮男裝來爭取自由戀愛的權利，到「二秦二林」時代以不食人間煙火的俊男美女，營造出美麗與愛情的幻象，再轉變到新電影闡揚傳統兩性關係中受苦女性的真實面貌，此後台灣電影中的愛情，便漸漸由虛無飄緲的夢幻，變得較為貼近現實世界了。

在反共的年代，看電影仍不忘記要保密防諜。

九份的昇平戲院也曾繁華一時，電影「戀戀風塵」更在此取景。

「一江春水向東流」

1947年，行政長官公署教育當局通令各級學校，鼓勵學生觀賞上海製片廠出品的電影「一江春水向東流」。這部片子敘述鄉下窮苦青年與青梅竹馬的女友結婚後，一個人到上海碼頭闖盪，卻另娶了富家女為妻。從此他交結日人，把戰略物資賣給他們成了巨富，並又藉此攀上另一名豪門千金。沒想到在結婚當天，日本戰敗宣告投降，但靠著裙帶關係的男主角卻倖免於難，仍舊逍遙於十里洋場。後來元配看到丈夫與豪門千金的結婚啟事找上門來，想不到狠心的丈夫竟一不認妻、二不念母，當場將她掃地出門。元配在悲憤與絕望之下躍入長江，隨江而去。

政府鼓勵學生去看這部老套的愛情片，是希望能激發學生的愛國心。沒想到有人看了電影後，卻認為負心男子的角色有影射蔣介石的嫌疑。於是各級學校連忙召開校務會議，決議嚴禁學生去看電影，違者留校察看。這部「愛情兼愛國文藝片」，最後便草草下片了。

熱戀文字

女主角：「你真的不要再想想了嗎？你真的要我嗎？我又任性，又
　　　　衝動，又尖銳！」

男主角：「妳又火暴，又熱情，又可惡，又可恨，又可愛！反正，
　　　　我敗給妳了！」

—— 瓊瑤經典對白《情深深雨濛濛》

在書頁裡讀到它的時候，總會不由得襲來一種既甜美、又難以避免悵惘情緒。即使如此，人們仍然深深地為它所吸引，沉浸在它脈脈柔情的甜蜜醉意之中。它，就是愛情。過去半個世紀以來，人們對愛情的渴望依舊，但愛情觀卻有著顯著的不同。關於這點，可以從言情小說愛情圖像的轉變，得到證明。

瓊瑤愛情王國

八年抗戰、國共內戰、國民政府遷台的生離死別，釀成許多悲歡離合的故事。這樣的時代背景，成為50、60年代許多小說描繪的主題。瓊瑤早期的小說中，便可看到類似的情節。生於中國大陸、1949年才隨家人來台的瓊瑤，童年是在戰爭烽火中度過的。在她60年代的作品中，除了描繪愛情，亦

瓊瑤筆下的愛情王國，屹立三十年而不衰。

充滿懷舊思鄉的記憶，很能勾起有相同背景讀者的愁緒；而她處理親情與愛情的矛盾與衝突，遠多過於描繪男女主角談情說愛的情節。例如《窗外》、《幾度夕陽紅》裡母親不滿意女兒的男友，導致母女關係緊張、《秋歌》裡父親反對兒子與清寒女子談戀愛，引發家庭革命等，都頗為符合社會實際情況。因此學者林芳玫在《解讀瓊瑤愛情王國》一書中指出當時的瓊瑤小說，並未被定位為「言情小說」。

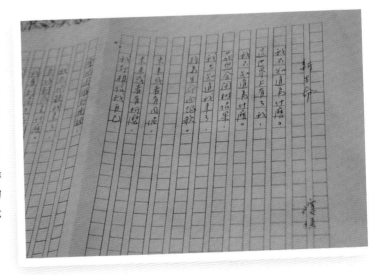

約莫在同一時期，卻有作家大膽挑戰社會禁忌，引發軒然大波，那就是郭良蕙。她於1962年發表《心鎖》一書，描寫一位女性周旋於無趣的丈夫、舊情難忘的老情人、與情場高手小叔之間的多角愛情。書中大膽描繪兩性的縱情與貪欲，在威權肅殺的氣氛中，自然無法見容於衛道人士，被視為「黃色小說」而遭查禁。相形之下，情節中雖不乏婚外情、同居、亂倫與婚前性關係，但因男女主角性態度異常矜持的瓊瑤小說，除了處女作《窗外》曾因涉及師生戀而引發社會事件外，並沒有引起太多的爭議。浪漫的愛情幻想、結合感性的家庭主義，讓瓊瑤構築的愛情王國，維繫了三十多年的聲譽而不墜。

早期瓊瑤小說裡的愛情，個人唯美的夢幻世界也常因父母與家庭的介入，使得戀情充滿疾病、自殺與死亡的陰影，最後更以悲劇收場（如《煙雨濛濛》、《菟絲花》）。

到了70年代，為了配合時代脈動與市場需要，瓊瑤小說才逐漸走出「懷鄉」、「回憶」的歷史包袱與灰濛濛的色彩，

以描繪台北新興中產階級的富裕生活為主。雖然愛情與親情的衝突依舊，但故事總是圓滿結束。瓊瑤筆下的愛情成為大眾文化的象徵，征服了現實生活中充滿缺憾、被道德戒律束縛壓抑已久的讀者，填補了無數饑渴荒蕪的心靈。

書寫羅曼史

在瓊瑤當紅的70年代，徐薏藍、玄小佛的言情小說在產量上亦不遑多讓。相較於瓊瑤式浪漫的節奏，徐的小說著重刻畫傳統女性美德，保守而純潔，玄的小說則撩情聳動，充滿激情與衝突。但或許是因沒有主流媒體的烘托的緣故，並未引起全面性的閱讀熱潮。反倒是禾林、卡德蘭及其它翻譯自英美等國的羅曼史小說，透過租書店的流傳，在中學校園大為流行。這類羅曼史小說常以異國風光、歐洲古堡為背景，內容不外乎是描述美麗傲氣的平凡女子，與英俊富有的公爵士紳談情說愛的過程，而其間必定穿插的性愛激情好戲是小說主要賣點，也是當時許多少女性啟蒙的重要素材。

到了80年代，林白與希代出版社大量推出言情小說，造成另一波閱讀愛情的高峰。這些小說家筆下的愛情，描寫性經驗、性行為者比比皆是，同居、外遇、離婚、單親家庭、同性戀等情節亦不時出現，反映出形形色色的兩性與家庭型態。

▲ 大膽描寫情慾糾葛的《心鎖》遭禁的作家郭良蕙。

▼ 瓊瑤四十多年來不減創作熱情。

135

而希代將旗下「小說族」年輕貌美的女作家「明星化」的宣傳手法（書中附上作者飄逸的沙龍照、出書時大打作者個人廣告、透露女作家個人的生活細節……等），雖招致不少批評，卻成功吸引了讀者的目光。而此時期瓊瑤開始將小說背景拉回清末民初，走回親情與愛情對立的老路，以改編小說的連續劇，開闢出事業的另外一片天。

與此同時，本地作家亦不讓歐美羅曼史專美於前，開始以台灣社會為背景，創作本土情色羅曼史。希代的愛情小說系列便是一例。這類揉合西方羅曼史傳統與情色小說公式的作品，女主角不論是靦腆保守的女教師、或是美麗自信的女強人，都是經由性愛而開發了自我。但性愛的啟蒙並非她們依賴男人，只是讓她們變得更自信、有活力，也願意更努力活出自己。

數十年來，台灣的言情小說有很大的改變，女主角從沒有一技之長、沒有性經驗的柔弱女子，逐漸成為精明能幹、自信獨立而活躍的女強人。婚姻與愛情不再是她們生命的全部，個人的成長與事業上的成就，才是她們追尋的人生標的。無論評論家如何抨擊言情小說裡的意識形態，它們還是始終吸引著無數的讀者，讓人們在疲於應付課業、家庭與事業的重重壓力下，從浪漫唯美的情節中，得到一點戀愛的幻想與歡樂。

三毛流浪熱

70年代最富傳奇色彩與性格魅力的女作家，無疑非三毛莫屬。這位以《撒哈拉的故事》掀起文壇巨浪的作家，閱歷廣博、見識豐富，筆鋒帶有濃烈的感情。她淺顯易懂的散文，加上引人入勝的情節，令讀者為之瘋狂。尤其是她刻骨銘心的異國婚姻，更讓許多女孩夢想著能像她一樣，瀟灑地放下一切，為年輕愛人浪跡天涯。雖說三毛並不屬於「言情作家」，但她所造成的「流浪熱」與「浪漫愛」風潮，是許多言情小說家望塵莫及的。

三毛與丈夫荷西的羅曼史，是讀者最為津津樂道的事，也是她個人與作品最迷人的地方。透過三毛筆下有如戲劇般的鋪陳，讀者對於兩人從初識、戀愛、結婚、旅行到如何白手成家、在沙漠裡尋找化石、在海邊捕魚賣給飯店的生活瑣事，都瞭若指掌。在那個出國旅遊仍不普遍的年代，透過三毛自然流利的文筆，能同時「觀賞」到精采的奇風異俗，以及東方女子與西方男子的戀愛記實，當然比看看純屬虛構的老套愛情小說，要來得精采多了。

三毛常一再表白「我的文章幾乎全是傳記文學式的，就是發表的東西一定不是假的」，讀者極易隨著她筆下情節的起伏而思緒蕩漾。當年荷西意外身亡，不少三毛迷亦如喪考妣，痛哭失聲。不過在三毛自殺後，有關「三毛做假」的流言愈來愈多，作家馬中欣還曾親自走訪三毛與荷西的故居，採訪荷西的鄰居與家人，證明三毛在文章中確實過度美化了荷西，也美化了他們的愛情。然而三毛迷仍不敢、也不願相信這個事實，甚至認為馬中欣是惡意中傷他們的「愛情女神」，三毛獨特的魅力，由此可見一般。

結婚典禮永恆記憶

夫妻相處三原則「廉潔、效率、便民」：

　　廉潔是路邊的野花不要採；效率是24小時服務隨叫隨到；便民則是只要太太喜歡，不論是在上面或下面，做先生的都沒有意見。

—— 前台北市長陳水扁婚禮致詞

　　戀愛的經驗，好像是得了一場無可救藥的熱病，有時則像是擁抱了一個悲喜交加的秘密，那種酸甜苦辣的箇中滋味，委實很難讓人瞭解，唯一能與旁人分享那種又喜悅、又想歡呼的心情時，就是兩人的結婚典禮了。

從鳳冠到白紗

　　結婚典禮是大部分人一生當中只會經歷一次的重要時刻，而一張張見證婚禮所留下的永恆影像，也訴說著婚禮形式的不斷演變。二十世紀初期攝影技術雖已傳入台灣，但因技術器材並不普及，加上價格昂貴，一般人結婚並不會拍照。隨著日本文化影響日深，以及西方文化的傳入，婚禮也產生了新舊交替的現象，此時照相技術較為進步，拍攝結婚照遂成了盛行於中產階級的風氣。這個時期的照片，畫面中有時會出現新郎一身畢挺西裝、新

娘卻穿著大紅蟒袍這種「中西合併」的有趣的畫面。

　　早期相片裡的新人往往表情嚴肅、姿勢生硬，若不是穿著喜氣洋洋的結婚服飾，實在很難看出是他們的大喜之日。這個時期的新人會在家門口、廟埕或是照相館，請攝影師為兩人拍下此生難得一次的

超炫的潛水婚禮，享受被大海及魚群包圍的幸福滋味。

1931年，鹿港丁家與基隆顏家，兩大家族在神社舉行的婚禮。

珍貴鏡頭，也會以全家福式的排列與家族合影，而且通常只有男方家族成員才會入鏡，意味著新娘子在結婚之後，就完全屬於男方家的人了。

日治時代中期，在皇民化政策的鼓吹下，也有些新人會穿著和服，選擇在神社舉行日本的神道教婚禮。神道教的婚禮儀式流程大致為：舉行修禊式、奏上祝辭、夫妻對飲、宣讀結婚誓辭，交換戒指、向神敬獻玉串，祈求平安幸福。即使不是舉行神道教婚禮的新人，也很流行在神社前拍攝結婚照，各地神社成了熱門的結婚照拍攝地點，過去的細碎水光與模糊略影，終於都停留在以鳥居為背景、四四方方的鏡框裡了。

太平洋戰爭開打後，由於民生物資欠缺，盛大隆重的婚禮已不復見，取而代之的是簡單樸素的婚禮。不只是婚禮儀式簡單，就連新人的服裝也很簡樸，許多沒錢的新人拍結婚照時，還會穿著寬布衫、腳踩軍靴來代替結婚禮服。簡陋的相片固然留下了婚禮的美好，然而貧困生活的苦惱，在現實裡卻淹蓋了新婚的喜悅，因為新人們木然的表情，像是留下了各種真實與想像的謎霧。

戰後富裕市民階級的婚禮花樣愈來愈多，強勁的消費能力亦讓人們越發重視結婚攝影的技術與質感。為了迎合客戶的需要，攝影業者不斷推陳出新，從黑白到彩色，從攝影棚裡素色的背景到將拍攝場景拉到戶外，新公園、榮星花園、台中公園等地，都是熱門的結婚照拍攝景點，不過一般新人的結婚照，仍以在婚禮儀式過程中留下的記錄性合影居多。

新人看招

此時一些有錢有閒、或是基於其它特殊因緣而締結良緣的新人，開始以各種奇特的形式為婚禮留下難忘的回憶。1940年，于凌波與鄧明香在台中慎齋堂舉行佛化婚禮，主婚人為新人闡述婚姻與建立佛化家庭的意義，也是台灣第一場佛化婚禮。1950年5月28日，陳漢津與盧翠璧在縱貫線列車上，舉行別開生面的火車婚禮；同年12月12日，傘兵教官鄭清廉上尉與女友馮秀英，在屏東潮洲舉辦了一場前所未有的「跳傘婚禮」。新人從1200公尺的高空一躍而下，在降落傘著地後禁不住相擁親吻的畫面，轟動一時。往後像是冰上婚禮、水中婚禮、露營婚禮、騎馬婚禮、畫展婚禮、自行車婚禮、飛盤婚禮、籃球婚禮、賽車婚禮、元旦升旗婚禮……等各式各樣出奇制勝的婚禮一一出現，別出心裁、充滿個人色彩，呈現出戰後婚禮多采多姿的面貌。

明星與名人的婚禮，向來也都是眾所矚目的焦點。1960年影星江茵與陳蒙為了勵行節約，不宴客只以酒會招待親友的小型婚禮，仍舊吸引眾多媒體前往採訪。1965年「四大公子」之一的連戰與「中國小姐」方瑀，在冠蓋雲集的圓山飯店舉行的大型訂婚儀式，至今令人難忘。反共義士李顯斌、影星唐寶雲與畫家戚維義、柯俊雄與張美瑤、丁強與李璇、邱復

民國50年代，經常是在自家門口地上一鋪，就地拍起家族結婚照。

隨著時代演進，開始出現姿勢經過設計的結婚照。

結合速度感的另類賽車婚禮。

跳傘結婚的新娘馮秀英（右）可是先經過嚴格訓練的。

民國48年，鄭清廉（右）與馮秀英大膽舉行時髦的跳傘結婚，引起當時一陣轟動。

生與「金曲小姐」洪小喬、「獨臂刀王」王羽、旅日圍棋名將林海峰等人的婚禮，都是60、70年代引人注目的婚禮盛事。透過社會名流婚禮的新聞報導，滿足了市井小民對上流社會愛情無限的遐想。

一起來結婚吧！

　　戰後政府為了「倡導善良風俗，鼓勵節約」，開始舉辦集團結婚。1946年台北市第一次舉行集團結婚，由台北市長主婚，參加者以公教人員居多，地點是中山堂的光復廳。早期的集團結婚簡單、隆重、也略顯嚴肅，在婚禮進行的過程中，新人總會保持「立正站好」的標準姿勢，聆聽主婚人發表諸如「齊家、治國、平天下」「愛家愛國」等「訓示」，充分反映了社會氣氛。1947年第一屆軍人集團結婚也在台北中山堂舉行，主辦單位除了送給每位新郎一套價值千元的服裝，還代辦了全部婚禮與茶會的事宜與費用，造福不少清寒的軍中子弟。婚禮現場「努力革命事業，建設美滿家庭」、「完成復國使命，創造幸福生活」的喜幛，很能反映出軍人本色。

　　1979年適逢美國與台灣斷交，參加台北市集團結婚的百餘對新人為表達「愛家更愛國」的悲憤，在婚禮現場還發起愛國獻金活動，並請市長轉送自強救國基金專戶，一時傳為佳話。

隨著社會環境不變，集團結婚愈來愈活潑多元，長袍馬褂的中國古式婚禮、嫁妝一牛車的台灣古式婚禮、原住民婚禮等一應俱全。1997年3月台北市曾舉辦「捷運婚禮」，捷運局在兩節新人乘坐的車廂上，貼滿了紅色的喜字與心形圖案，並用白色婚紗與鮮花將淡水捷運站布置得喜氣盎然，非常有意思。至於集團結婚的地點包括木柵動物園、陽明山國家公園、台北孔廟、士林凱歌堂、林安泰古厝等，不再只是千篇一律的中山堂，而首長致詞也不再死守「沒有國哪裡會有家」的八股，陳水扁市長任主婚人時，必提的夫妻相處三原則──「廉潔、效率、便民」；馬英九市長的「新好丈夫五原則」與「家事處理三原則」的標準婚禮致詞，如今也成為新人耳熟能詳的婚姻教戰守則。

抓住瞬間的浪漫

婚禮的快速演變，連帶也讓婚紗照的需求更加多元發展。「中視新娘世界」結合攝影與禮服，首開婚紗攝影之先，後來成立的「芝麻婚姻廣場」更進一步提供攝影、美髮、美容、禮服全包的服務，成為今日「婚紗攝影」的基本模式，也讓拍婚紗照成了時尚流行的象徵。

強調「整體造型」的婚紗公司，會分成好幾個部門分層負責。新人先選定禮服款式、美容、設計髮型，然後再到備有

聯合婚禮的熱潮漸漸吸引追求簡單隆重的年輕新人。

民國50年元旦，一群身著軍服的軍人在高雄市軍人服務站舉行集團結婚。

歐式廊柱、西洋骨董、油畫布景、鮮花、乾冰等道具的攝影棚，由專人指導拍照的姿勢，擺出或柔情浪漫、或熱情奔放的表情。業者也會提供「劇場」般的演出方式，帶著新人到淡水、北海等地，拍出明星出外景般的美麗照片。至於照片的表現形式，無論是柔美的粉彩照、復古的偏色系列、還是精緻典雅的油畫風格，都大

➔ 現代婚紗照展現豐
富的夢幻想像，情
境十足。

➔ （左圖）婚紗照的
地點也不再侷限於
室內攝影棚，浪漫
的海濱是年輕人的
最愛。

➔ （右圖）原住民青
年以傳統禮俗完成
終身大事。

大美化了新人的模樣。如今，主題多樣花
俏、拍攝過程繁複、攝影成品，讓精緻的
台灣婚紗照早已揚名國際，還吸引了國外
新人專程來台拍攝，成為本地攝影產業的
一大特色。

　　一張照片勝過千言萬語。從照片裡
身著結婚禮服、巧笑倩兮的雙雙儷影中，
即使是在結婚現場缺席的人，也很難不去
想像影中人動人的愛情故事。小小的一張
結婚照片，或許無法預測新人日後的婚姻
之路是喜是憂、是苦是樂，然而玻璃相框
裡鎖住的流動人事與明滅光影，永遠撥動
著我們對「愛情」這個亙古常新的主題，
無限華麗的想像。

婚姻禮俗

從電光火石的那一刻

走到紅毯的另一端

藏有千俗萬禮

等著新人一路過關斬將

因為婚姻非兒戲

要有堅定的意志

才能夫妻對拜

送入洞房

預知愛情紀事

命運是否能夠主宰人一生的浮沉，更可以決定人一世的幸福？愛情的多變，有如人的命運般深不可測。因此許多人在面對終生幸福所繫的婚姻時，常希望透過某種神秘的力量來預測未來。他們相信，如果能事先掌握命運的跡線，就可以掌握自己的愛情與婚姻。

中國人向來喜歡透過算命，來選擇適合的結婚對象。清領之後深受中國漢文化影響的台灣社會，自然也不例外。四百年來，民間一直流傳著各式各樣婚配的習俗，希望透過「合婚」選擇適合的婚配對象，或是提早因應可能的厄運，以謀求補救之道。

一般而言，「八字」是合婚時最重要的依據。「八字」是指每個人出生的年、月、日、時，每個部分都有占卦及天干地支各一個字，四個部分共計八個字，所以叫做「八字」。一般相信，只要知道一個人的生辰八字，就可以判斷他的命運。從古至今，男女在結婚之前，通常會拿雙方的八字來合婚。至於合婚的原則，則大致包括了：

五行損益合婚法：如果男女雙方的八字五行能夠互補，就是非常吉利的婚配關係。例如男命木旺為病，如果娶金旺女性為妻，就很合適；若是女命土衰為病，若是嫁給八字多火土的男性則為吉配。

八字強弱合婚法：傳統命理講究的是陰陽協調，最理想狀態是互補有無。若是男女的八字都是中和、或是男命小強女性小弱，則都是很好的婚配；其次是男命強女命弱或是男命略強於女命者，婚姻關係也會不錯。若是女命

極強男命極弱，先生一定會很怕太太；而男命很強女命很弱，那麼太太則一輩子會唯夫是從。

在男性宗法社會裡，女性八字的好壞，在合婚時尤其重要。如果女性八字中的「夫星」與「子星」很明顯、而且沒有破損的話，代表她會與夫益子，夫榮子貴；反之，若是女性命中「傷官」、「食神」多則會剋夫，肯定乏人問津。若是命中帶有「破骨」或「劫煞」，日後千萬不能撿骨，否則會影響夫家運勢。由於女人的八字往往是能否嫁入好人家的關鍵，因此父母在女兒出生時，常會請算命先生為她假造一個旺夫益子、適合婚姻的八字。俗話說「女命無真，男命無假」，是指女人的出生年月日時，常常都是假的；而男性主宰一切，又希望覓得賢妻，當然無懼於公開自己的真命。可見在父權的社會裡，女性無力反抗只能期待利用「假命」來改變自己的命運。

除了雙方的生辰八字會影響婚配，透過八字來決定哪一年結婚，也很重要。一般而言，男女四柱命造「喜用神」的流年結婚最為吉利。如果四柱上印星過旺，適合在財星或食傷的流年結婚。如果是官星過旺的人，適合在食傷及印星的流年結婚；財星過旺者，適合在比劫的流年結婚；財星太少的，則應選擇在財星的流年結婚等。

生肖，也是合婚時重要的參考指標。最簡單的生肖合婚原則，就是避免「三沖」、「六沖」、「九沖」婚姻，意思是在十二生肖中，每隔三、六、九個生肖就會相沖，不宜結婚。特別是相差六個生肖的話，則被視為「正沖」、「大沖」，相差六歲的男女若是結婚，輕者婚姻生活問題重重，風波不斷，重者夫妻之中必有一人疾病纏身，甚至還會橫死夭亡！因此自古長輩便非常忌諱男女年齡出現三、六、九的差距。也有人認為每個人命運中每逢三、六、九年會轉運一次，因此避開這些年齡差距是為了避免夫妻兩人的運勢同時大好或大壞，以致於無法互補。只是現在社會已經愈來愈少人在意這些禁忌了。

「龍虎不相容，雞狗斷頭婚」也是一般常見的生肖婚配忌諱。民間流傳一首歌謠：「從來白馬怕青牛，羊鼠相逢一旦休；蛇見猛虎如刀斷，豬遇猿猴不到頭。龍逢兔兒雲端去，金雞見犬淚交流。」指出哪些生肖不宜搭配成婚，否則日後婚姻會不和諧，還會相沖相剋，害死對方。這些生肖相剋的理由最早的來源很有可能只是祖先們先入為主的觀念，認為「雞飛狗跳」、「一山不容二虎」等動物相處的禁忌而衍

生，用科學的眼光來看實屬無稽之談。

昔日婚前未曾謀面、更無感情基礎的男女，在面對未來的婚姻只有一片茫然，因此求助於「合婚」來預測兩人是否合適，便成了掌握幸福的唯一手段。然而有時可能只是算命師的一句話，認為雙方八字不合，而活生生拆散一對情投意合的情侶，這時「合婚」對他們而言，不僅不是幸福的保證，反而是夢魘的起始！

⬆ 合八字。

月下老人與媒人婆

相傳月下老人專司人間男女的婚事，每年七夕後，七娘媽會把人間已達結婚年齡的成年男女做成名冊呈報天庭，再轉給月下老人。月老接到名冊，會把它跟過去留下的名冊擺在一起，一併審查男男女女的性情、緣分等，把兩個適合的人配成一對，用黏土捏出一對男女人偶，再用紅線將男女兩人的腳繫在一起，烘乾後放進配偶堂裡。從此「千里姻緣一線牽」，不論天涯海角，被紅線繫住的兩人一定會結為夫妻。因此渴望結婚的男女都會去廟裡祭拜月下老人，祈求祂老人家能夠為自己牽紅線、賜良緣。

如果說，「月下老人」是在天上為未婚男女搭起婚姻橋樑的神仙，那麼「媒人婆」就是在人間替未婚男女婚姻奔走的功臣了。媒人婆大約在周朝就已存在，那時只有會巫術的人才能擔任，而且男女都有，主要工作是祭祀和招神，至於媒人只是附帶的工作。古代交通不便，地方又大，要想自己找對象結婚並不容易，所以人們在孩子出生三個月後，就把孩子姓名和出生時間告訴媒人婆，由她來負責替他們尋找適合的對象。所以男女即使私訂終生，仍需要媒人出面撮合，才可正式結婚，否則會被別人恥笑，認為這樁婚姻不合法。

媒人婆通常是由家族中德高望重、或是社會經驗豐富的女性長輩擔任。人面廣、精明能幹、能言善道是她的最大特質。哪家有女兒待嫁、哪家有公子還沒娶親，她都瞭若指掌。在女人無法出外拋頭露面、男人無緣見到其它女性的年代裡，透過媒人婆的撮合說項，讓兩個互不相識的男女結為夫妻，媒人婆功不可沒。配對成功後還得擔任「婚俗專家」

↑ 鹿港老媒人婆紀月霞主持古式婚禮。

幫忙張羅婚事，像是家族之間的連繫與協調、婚禮的安排、各種儀式的導引，都得靠著經驗豐富的她來主導，才能讓整個婚禮圓滿成功。

但有些媒人婆為了厚重的謝禮，對雙方條件避重就輕，掩飾對方缺點、誇大對方優點，其貌不揚者稱之為「瀟灑性格」，家境貧寒者成

↑ 月下老人。

了「家世清白」，造成雙方認知上的差距。所以有一句俗話說「媒人嘴胡累累」，意思就是要人們當心，千萬別被舌燦蓮花的媒人婆給唬了。

婚姻的禁忌

預知姻緣

　　經過了重重的考驗，結婚是這麼一件令人開心的事情，可不允許發生任何觸霉頭的事情。因此，民間流傳著許多關於結婚的禁忌。

　　一般人都不喜歡在農曆的五月、六月、七月結婚。台灣民間素來有「五月五毒某（妻）」的說法，意思是農曆五月是蠍子、蜈蚣、蛇虺、蜜蜂與蛾等五種毒蟲最為活躍的時候，不適合結婚；至於「六月半年某」裡的「半」字就是一半的意思，意味著在農曆六月結婚的夫妻將不會白頭到老；「七月鬼仔某」則是指農曆七月娶妻會娶到「鬼妻」，所以也不宜嫁娶。

　　從現代人的眼光來看，這些禁忌似乎是有點可笑。若深究其中，卻會發現裡面蘊含著古人的智慧與文化。台灣農曆的五、六、七月，正值濕熱的夏天，新娘穿著鳳冠霞帔、蓋著頭巾，又坐在密不通風轎子裡，舟車勞頓、送往迎來，還要應付一大家子親朋好友，哪還有多餘的心力洞房花燭夜？此外，夏天也是農忙的時候，根本沒有人力、心力籌辦婚事。因此古人會避開盛夏結婚，不無道理。

　　除了季節的因素，也有人忌諱在四月及九月結婚，因為四月的「四」與「死」同音，而九月的「九」與「狗」同音，為了避免娶到「死新娘」或「狗新娘」，也忌諱在四月及九月結婚。

　　在結婚當天，生肖屬虎的人不宜在現場觀禮，因為「虎」會傷人，會讓夫

新娘到男方家後，須過火爐以去邪，並踏破一瓦片，代表「過去時光如瓦磚」。

　　屬虎的人忌觀婚禮或進新人房，取意虎會傷人，避免夫婦不和睦或不孕。

妻不睦或是生不出孩子。寡婦或是正在服喪的人也不要出席婚禮，以免觸霉頭。另外，小孩子最好也不要帶到現場，因為小孩子很容易哭，大喜之日又最忌哭嚎。在婚禮當天新娘出門的時候，嫂嫂不能出門送別，因為「嫂」音同掃帚星的「掃」，很不吉利。

　　此外，新娘在踏進夫家大門時，絕對不能踩到門檻，否則夫家會倒霉，也不可以踩到新郎的鞋子，否則有羞辱新郎的意思。新娘的衣服不可以有口袋，免得會帶走夫家的財產、或是帶有娘家的財運；在婚後四個月內，新娘不可以用自己的鏡子照別人、不可以看戲、不可以在外面過夜、也不可以參加其它人的婚喪喜慶，以免喜沖喜。

　　五花八門的婚姻禁忌，無論是因應節氣而生，或是迷信意味十足，無非是反映了人們對婚姻的嚮往與期待。儘管這些禁忌看似繁複而無稽，卻代表了先人對婚姻的重視，他們透過種種禁忌的繁文褥節，含蓄地表達了對新人的重視與祝福之意。

有些地方習俗以黑雨傘代替米篩，也有一說謂已懷孕的新娘需用黑傘以防流產。

愛情法條

以往訂定婚約，一般都是口說為憑。為了加以規範，便開始有關於婚姻的明文規定，用來制定婚姻制度：「務要兩家明白通知，各從所願，寫立婚書，依禮聘嫁。」，以免任何一方悔婚需要官府調解或審判時，好有所依據。而且「嫁娶皆由祖父母、父母主婚；祖父母俱無者，從餘親主婚。其夫亡攜女適人者，其女從母主婚。」也就是說，沒有父母長輩做主的婚姻，在法律上是無效的。至於後花園私定終生的場景？那是戲劇小說裡才有的情節。清末為了順應潮流，在《現行刑律》與《大清新刑律》中，廢除了行之千年的「良賤不得通婚」與「同姓為婚」等封建觀念下的禁忌。可見時代浪潮不斷拍擊既有律令的效力之際，官方亦不得不有所回應與妥協。

有保障的愛情

日治司法體系依台灣舊慣，規定「婚姻或離婚非僅依當事人之意思即可成立，仍需從尊親屬之意思。」，以符合民間男女婚配權在父母手中的事實。然而在頗具西方法律精神的司法審判經驗下，1906年，台灣首次出現妻

子主動訴請離婚的案例，此後每年由妻子主動提出的離婚事件，比由丈夫提出者高出了四、五倍之多。1917年控民90判決：「夫得使無任何缺點之妻妾離婚，於此情形，夫與妻妾之本生家交涉，以聘金為標準，要求反還相當之金額，此不過於下流社會基於將婚姻作為買賣婚……並不足以承認其作為返還聘金之理由。」也就是說，法律雖並未明文規定女性可申請離婚，但在司法審判過程中，卻已提供女性主動離婚的管道。

1945年日本戰敗後，台灣採行已於1931年實施於中國的民法親屬編，用以規範婚姻關係。民法親屬編受到近代歐陸法律思想的影響，內容已有別於傳統中國法令，像是排除以夫家親屬為親，妻親為疏的差別對待，法定夫妻財產為聯合財產制，規定夫妻離婚後的權利義務及對子女親權的行使。此外，還將「無因棄妻」、「七出棄妻」正式刪除，展現現代法律的進步性。但像是妻冠夫姓，婚後妻

子財產全歸丈夫所有、離婚後子女監護權歸丈夫等規定，還是剝奪了女性憲法所保障的生存權及財產權，違反男女平等的基本原則。

跟上時代腳步

為了因應社會變遷與家庭結構的改變，1985年民法親屬編第一次修正，將諸多男女不平等條文，像是從夫居、夫妻財產由夫管理、子女從父姓等，加上可以約定的「但書」，實質上仍未跳脫「男尊女卑」的觀念。1994年婦女新知、晚晴協會等婦運團體完成「民法親屬編修正草案」，要求廢除女子再婚時間限制及聯合財產制，主張採登記婚、夫妻自由冠姓、將夫妻財產分為「婚前財產」與「婚後財產」，各保有其所有權直到9月，司法院大法官會議釋憲，法務部才提出三階段的修法計畫，逐一檢視民法中諸多過時的條文。如今，像是妻冠夫姓、女性再婚待婚期六個月、相姦者不得結婚等落伍的道德性條文，都已經刪除了。

1993年政府根據「兩岸人民關係條例」，首度開放大陸配偶來台定居，讓分隔兩岸的夫妻終有機會在台聚首。

2000年，內政部入出境管理局宣布大陸配偶來台探親居留期間將予放寬，每次最長居留可達一年，同時也將「探親」改為「團聚」，無疑是進一步認可了兩岸人民的婚姻關係。不過隨著「假結婚，真打工」等事件層出不窮，在2002年的「兩岸人民關係條例」修正草案中，行政院決定對大陸配偶採取「居留從寬，定居從嚴」的管制措施，引起不少反彈。政治局勢的混沌不明、暗潮洶湧，不斷衝擊著一對對夫妻情感的兩岸，他們只能靜靜地等待，等待著能讓他們安身立命的時代儘快來臨。

1999年立法院「入出國及移民法」三讀通過，讓外籍新娘和洋女婿只要取得外僑居留證，並規定只要在台合法居留三年以上，便可取得國籍。2002年3月8日兩性工作平等法正式實施，女性再也不會因結婚、懷孕、分娩或養育子女而被解僱，可說是女性在法律地位上的一大躍升。

時光的流轉，讓許多婚姻相關法令在時代潮流的洗刷下，已逐漸改變原來的父權色彩。在法律條文不斷「進化」的過程中，我們彷彿看到人們的吶喊與期待，那些冷冰冰的條文，終究還是替他們說出了對理想婚姻的嚮往，以及對尚未身陷婚姻圍城的人們的殷切提醒。

傳統婚俗

在講究「父母之命、媒妁之言」的舊社會裡，婚姻與愛情一點都扯不上關係。因為婚姻只是代表兩個門當戶對家族的結合，而在那紙婚約的背後，更蘊含著複雜曲折的歷史與文化。

婚姻向來被視為是人生大事，尤其中國人結婚向來講究排場，一定要體面，也會認真地按照古禮進行。明、清以降，大量湧入的漢人移民將中國傳統婚俗引進台灣並沿用至今，成為四百年來台灣婚俗的重要依據。

中國傳統婚俗是採用周公所制的納采、問名、納吉、納徵、請期、親迎等「六禮」，再加上「三書」：聘書、禮書、迎親書。經過時代的更迭，昔日繁複的婚俗禮節已不復見，部分儀式在台落地生根後亦有了不同變貌。但大體而言，整個婚俗進行仍是沿用三書六禮的原則：

納采：男方主婚人委託媒婆準備雁與其他禮物，前往女方家提親，女方如果首肯便會將禮品收下。

問名：男方得到女方首肯結親，會由媒婆將準新郎、準新娘的生庚八字、三代曾祖父母、祖父母、父母姓氏等庚帖轉交給對方，經過雙方在家廟擲筊、命相師批命後，三天內家中無特殊事故徵兆，才可進行納吉的步驟。

納吉：男方必須準備數十種聘物，在媒婆帶領下到女方家舉行納吉。女方除了收受聘物、聘書，也會在廳堂祭拜神明祖先，另送回聘物品、答聘書。雙方為表慶祝婚事已定，分別設宴款待親友。

納徵：由男方擇吉日，準備聘金、金鐲、金簪、新娘衣料、大餅等，由新郎長兄領隊，媒婆陪伴前往女方家下聘，經女方點收、祭祖後致紅包給男方，中午雙方各設宴款待親友。

請期：男方擇吉日良辰親迎，並請媒婆送達女方徵求同意，準備迎娶前的工作，包括雙方裁衣、女挽面、男剃頭，擇良時進行安床。

迎親：新郎著花轎到女家迎娶，迎娶的行列包括鼓吹、媒人、叔爺、伴郎、新娘轎。新娘轎裡要放轎斗圓，轎後方掛八卦米篩。到女方家新娘吃完姐妹桌後即上轎回程。

新郎、新娘來到夫家後，則又有一串繁瑣的禮儀尚待進行：

拜堂：又稱「拜天地」。男方請熟悉宗族的人開列程序單，再請贊禮人唱名受拜，由贊禮人發號令：一拜天地、二拜祖先、三拜高堂、夫妻交拜。目的是為了取得神靈祖先、現世長輩及鄰里鄉親對這樁婚姻的認可，以利於鞏固家族制度。

沃盥：新郎新娘沐浴潔身。這是一種淨化的儀式，把一切污穢與厄運洗淨，象徵新的開始。

對席：新婚夫婦在交拜完進入新房後，會坐到床沿彼此相對，新郎面向右坐，新娘面向左坐。

合巹：也就是夫妻喝「交杯酒」。《儀禮·士昏禮》曾提及「合巹」二字，鄭玄注：「合

迎親隊伍在外面等著新娘，吃完姐妹桌後就要啟程前往未來夫家，離開這個養育她十數年的家庭以及一起長大的好姐妹們。

卺，破瓠也」，瓠是葫蘆的一種，破瓠是說把葫蘆由當中縱切剖開。至於「婚禮」中的「合卺」，是說必須由同一只葫蘆剖分的兩只瓢，分別盛酒給新郎和新娘飲用，因為兩只瓢合起來是一只完整的葫蘆，所以「合卺」象徵夫婦永結同心。

挑蓋： 舊時新郎、新娘結婚前未曾謀面，所以當新郎撤除面紗或扇子，揭露新娘的廬山真面目時，可說是整個婚禮的最高潮。新娘面紗是一直到了宋代才變成後來我們所見到的「蓋頭」，由新郎以秤將新娘頭上的紅綢布挑去。

撒帳： 家族中德高望重者將銅錢向帳中撒去，也有的人是用糖果來撒帳，讓家中親戚的孩童爭相拾取，有早生貴子的意思。

結髮： 將新郎、新娘的頭髮綁在一起，表示夫婦不可須臾分離。後世稱第一次結婚的正室為「結髮妻」，就是這個緣故。

在喜宴方面，根據傳統古禮，新郎與新娘並不用出席。喜宴主桌由新郎舅父為主客，伯、叔、姑丈及姨丈陪坐，新郎的父親以主婚人身分為他們斟酒。至於婚宴的菜色大都有象徵意義，像是冬瓜代表長壽、紅棗代表喜慶。等到酒過三巡，新郎會走出新房，向長輩敬酒表達謝意，然後再回到新房。散席的時候，只要由父親代表送客就行了。

喜宴結束後，小夫妻還得繼續接受親友「鬧洞房」的戲弄，據說如此可透過熱鬧的人氣與陽氣驅逐邪靈陰氣，也可試探新娘的性情與耐性。直到酒足飯飽的親友鬧夠了之後，被折騰了一整天的兩人終於有了獨處的時間。燭光之外，是什麼也看不見的黑暗，他們以感動的心情接納了彼此，兩顆緊張激動的心，與整個黑夜一樣地透明，一樣年輕⋯⋯。

歸寧

有關歸寧最早的記載，是在《左傳》及杜預的注文。《春秋・宣公五年經》：「秋七日，齊高固來逆叔姬。冬，齊高固及子叔姬來。」《左傳》曰：「反馬也。」杜預注：「禮送女，留其送馬，三月廟見，遣使反馬。」女方在嫁女兒的時候，會準備一輛車馬跟著新娘到男家，車馬就留在那裡，萬一新娘不適應夫家，可乘坐原車返回。若能適應，並經過拜見公婆，祭祀宗廟等三個月之後，男方會遣人把車馬送回娘家。

高固是在秋天迎娶妻子的，到了冬天正好是三個月。不過後來高固不是遣人送返車馬，而是夫婦倆一起回娘家，這對高固來說是「反馬」，對叔姬來說則是「歸寧」。後來，這種習俗成為婚後禮的一個項目，也就是「回門」。到了宋代，人們把「三月廟見」改為「三日」，於是「回門」就改成婚後的第三天了。

嫁妝一牛車

大箱小箱的嫁妝，是新娘身分與財富的象徵，更是未來在夫家地位的保障。愛女心切的父母，莫不為了女兒的嫁妝費盡心思，只希望厚重的嫁妝能讓女兒有面子，不致受到婆婆的嫌棄或妯娌的恥笑。

通常嫁妝除了珠寶首飾外，還會有些象徵好兆頭的東西。像是剪刀代表雙宿雙飛永不分離、尺代表良田萬頃、花瓶象徵花開富貴、而銅盆、鞋、繡龍床單及枕頭一對、兩雙用紅繩綑著的筷子及碗則表示白頭偕老。新娘隨身也會帶著很多寶物，如寶鏡、弓箭、熨斗、篩子等用來避邪。新娘在鳳冠霞帔內，會穿一套白布衫裙，裙上有一口袋，袋中裝有鉛（與“緣”同音）、紅糖、五穀和豬心，象徵與夫婿同心的意思。

「子孫桶」也是早期新娘必備的嫁妝。子孫桶包括了馬桶、洗腳桶及生產用的腰桶。在醫療不普及的年代，女性生產大多由產婆到家裡接生，產婆用腰桶來盛接嬰兒。迎親當天，女方會把子孫桶放在紅布套裡要工人扛著，跟在新娘轎子後面。傳統習俗中還會在子孫桶裡放紅蛋或紅棗，意謂著早生貴子。

客家婚俗

由於客家人時常處於遷徙的客居狀態，特別注重傳統禮俗的延續，在若干細節與儀式上，客家人又從古代六禮卻又發展出自己的特色：

分飯：在親迎之前，吃完姐妹桌後，用紅布包一小撮米飯，叫做「分飯」，表示從此女兒離開父母嫁到夫家，另外創立家庭。

拖青：拖青是用龍眼樹枝或小青竹，上面綁一塊豬肉，由一個人扛著，以避邪神。豬肉則用來驅趕攔路的白虎煞。男方接受了這枝竹子之後，會繫於大門框上，因為竹可生筍，筍長大成竹後又可以生筍，代表子孫綿延不斷。如果是用龍眼樹枝拖青則不掛豬肉，在到達男方家後，則會將拖青拋到屋頂上。

帶路雞：新娘母親會準備一對又大又壯的公雞和母雞，用九尺的紅色帶子綁住腳，帶子兩端各繫一隻雞腳放在籃子中，而且最好一進洞房就下蛋。目的是希望女兒女婿能像雞一樣子孫滿堂。到了第二天早上，看哪一隻雞的腳先跑出來，便可預測新娘子的頭一胎是男是女。九尺長的紅帶子則是採「久」的諧音，有長長久久之意。

五種：將五種穀物的種子裝在紅色袋子裡，上面寫著「五代同堂」，象徵著五穀豐收子孫滿堂。

潑面盆水：新娘一坐上轎子，新娘母親手持一盆水，往轎子上潑，新娘再把手中的扇子從窗戶裡往外拋。新娘母親立刻撿起扇子，邊扇邊唸著：「扇涼一點，很涼呵！很涼呵！」這是提示新娘「嫁出去的女兒，如潑出去的水」，不能輕言離婚。而拿著扇子邊扇邊喊涼快，則代表「女兒嫁出去，了了一樁心願」。

插頭花：婚禮午宴開始不久，由媒婆護送新娘由新房走到年長婦人面前，拿出一把圓仔花交給新娘，讓新娘將花插在年長婦人的髮間；至於接受插花的婦人，則會送給新娘一點禮金。

掛尾蔗：這是女兒歸寧時母親送的禮物。用剛從田裡拔起，保留了蔗尾、帶著青蔗葉的甘蔗。用九尺長的紅色帶子綁在甘蔗兩端，頭與尾部由新娘和新郎帶回家，代表「有頭有尾」，並時時警惕夫妻萬事忍耐，和好相處。

敬外祖：新郎需到母親娘家的祠堂祭拜，稱為「敬外祖」，就是榮耀母系祖先的意思；再祭拜自己的家的祖先祠堂，叫做「敬內祖」。

阿婆肉：結婚前一天，男方家庭送女方一片約二十台斤的豬肉，稱作「阿婆肉」，用來感謝奉養新娘的外婆。女方在收到肉之，會馬上把這塊肉分送到給其它人。

從最後兩個儀式中，可看出客家人對母系親屬的尊敬與重視。這極有可能是受到母系平埔族社會的影響。如今這些習俗，只有在南部如美濃等地的客家聚落才看得到。現在的客家婚俗已簡化許多，但「帶路雞」、「潑面盆水」、「掛蔗尾」等俗稱客家婚禮的「三寶」卻歷久不衰，不但受到客家人的保存與重視，甚至也影響了閩南人，成為他們婚禮儀式裡的一環。

婚姻俗諺

　　諺語是人類生活經驗的累積，除了表達了先人的思想與感情，也蘊含了很深的哲理。數百年來，台灣有許多關於戀愛與婚姻的俗諺，除了反映昔日人們對於婚姻的態度，也透露出傳統社會對於女性的看法。

戀愛心情： 俗話說「戀愛的熱度，親像六月的火燒埔」、「水醜沒得比，愛到恰慘死」，就是形容陷於戀愛中男女的愛情熱度，讓人失去理性。至於「未吃鐸鐸豪，吃了嫌壞貨」則是比喻男人追不到女人時總是窮追不捨，一旦追到手了就開始嫌東嫌西，現實極了。

　　如果男方條件讓人覺得配不上女方，一般會以「一蕊好花插在牛屎頂」來形容；若是男大女小的老少配，則會被恥笑為「烏秋騎水牛，老牛哺幼草」；「龍交龍、鳳交鳳，隱痀交鈍憨，三八交叮咚」，但這句俗諺的意思是，其實男女雙方半斤八兩，所以別再嫌棄啦。

擇偶條件： 在婚姻全憑父母之命的時代，婚姻對女性來說最主要的目的，就是可以找到「長期飯票」，俗諺說「一錢財、二人才、三詼諧」、「第一門風、第二祖公、第三秀才郎」、「一錢、二緣、三水、四少年、五好嘴、六敢跪、七纏、八綿、九強、十姑晟」，顯示出昔日女性的擇偶條件，首重對方的財富，其次才是人品與門第。而「用捏的沒好菜，用招的無好婿」、「好鐵不打菜刀，好漢不乎人招」，則反映出傳統社會對於招贅婚的輕視。

　　但即使女孩子家在婚前再三比較，最後還是有可能看走眼，所謂「三揀四揀，揀到一個賣龍眼」。然而「嫁雞隨雞飛，嫁狗隨狗走，嫁乞食揹筊芷斗」，既然兩人已結成連理，無論嫁給什麼樣的人，也都只能宿命地認了。

　　女怕嫁錯郎，男也怕娶錯妻。傳統認為娶妻進門是否能傳宗接代，興夫旺子，比容貌、體格、命相、家世等都還重要。諺語有云：「種到歹田望後冬，娶得歹某一世人」、「一賤破九貴」、「啄鼻，啄死夫」、「斷掌男人做相公，斷掌女人剋死夫」、「鉸刀平鐵掃帚」，就是如果女性有上述的長相或命格，必定會敗家剋夫，千萬不能娶進門。另外，「娶到好某較贏做祖，娶到歹某一世人艱苦」、「娶到歹某，恰慘三代沒烘爐、四代沒茶壺」等俗諺，都是在形容娶錯了老婆，後果將有多麼悽慘。

婚姻關係： 很多有關夫妻的俗諺，內容十分生動細膩，一針見血的點出夫妻間酸甜苦辣的各種滋味：「尪仔某，吃菜脯」：菜脯是粗俗食物，但卻能愈嚼愈香，比喻夫妻應該同甘共苦。「臭耳聾尪，青暝某」：先生對老婆的抱怨與嘮叨要聽而不聞；至於老婆則要常睜一隻眼閉一隻眼，如此夫妻關係才能長久。「睏破三領蓆，君心肝掠未著」：都已經睡破了三件草蓆，還摸不清老公心裡在想什麼。其實老公的也未必摸清老婆的心意，所以古人以此

春色惱人眠不得　金爐香盡漏聲殘
月移花影上欄杆　剪剪輕風陣陣寒

俗諺提醒人不要太在意，因為想要完全摸透對方的意思，根本就不可能！「一好配一歹，無兩好通雙排」：夫妻倆的搭配往往是一好一壞，沒有辦法要求對方十全十美，意思是夫妻不要計較太多。

除此之外，「無冤無家，不成夫妻」，比喻不是冤家不聚頭；「好歹粿著甜，好歹查某著會生」指女人會生孩子是最要緊的事；而「雞母帶子會輕鬆，雞公帶子會拖帆」是說相夫教子是女人的第一要務，若由男性來做恐怕就無法勝任。「娶某大姐，坐金交椅」娶了年紀比較大的妻子，反而受妻子照顧更多，一生享受不盡；而「老尫疼嫩婆，感情恰合和」則是說老夫少妻感情甜蜜。

婆媳關係： 婆媳關係自古以來就是門大學問，緊張對立的關係中，其間錯綜複雜的愛恨情愁，說不完也理不清。在傳統的大家庭裡，婆婆是絕對的權威，媳婦凡事都得聽婆婆的，不可有自己的意見，俗話說「大家(婆婆)有嘴，媳婦無嘴」指婆婆有資格數落媳婦，媳婦卻無權批評婆婆、而「一年媳婦，兩年話堵(頂嘴)，三年師父」，則是指媳婦熬成婆的過程。而：「緊紡無好紗，緊嫁無好大家」意思是說若嫁人前沒有謹慎選擇，很可能會因為遇到惡婆婆而受苦。

另外，身為媳婦的人和女兒是不能相提並論的，所謂「大姑大若婆，小姑賽閻羅」就是在比喻自家女兒在家中的地位，可不容隨便得罪。

另外，「尫親、某親，老阿婆拋車輪」夫妻過於相親相愛，媳婦不做家事，卻讓婆婆卻忙得團團轉，意在批評媳婦懶惰。因此俗諺說「寧肯做三年介苦妹，毋肯做三朝介閒新娘」，意思是情願當窮苦人家的女兒，也不願意當人家的媳婦，道盡了為人媳婦的難為之處。

客家婚姻俗諺

閩南話裡有許多關於婚姻的俗諺，客家話自然也不例外：

● 「捉貓子看貓孃，討心舅看爺娘」：
小貓和母貓有許多相似的地方。衍生出來的意義是娶媳婦前應先調查父母，看看他們為人如何，才可以下聘。

● 「嫁雞跈雞，嫁狗跈狗，嫁猴仔滿山走」：
女人嫁了什麼樣的男人，就要跟著丈夫，意思是指夫妻要同甘共苦。

● 「買衫看袖，娶妻看舅」：
買衣服要看袖子的長短合不合身，討老婆則要先看她兄弟的品性，因為兄弟姐妹為同父母所生，品性相差不多。

● 「花莫亂採，嬌莫亂貪，亂婚亂嫁苦一生」：
如果不經考慮就隨便結婚的話，將來一定會苦一輩子。

● 「千擇萬擇，擇著爛葫杓」：
相親找對象的時候，如果老是過分挑剔，最後一定會選到最差的人。

● 「半份婿郎半份子」：
女婿是半子。意思是說好的女婿，就像自己的兒子一樣。

● 「新娘討入屋，媒人趕出屋」：
新娘娶進門後，就把媒人一腳踢開。意思是指在別人有利用價值時拚命利用，等到對方沒利用價值了，就不理對方。

原住民婚俗

　　隨著漢人移民的大量湧入，讓原住民漸漸退入山林，他們安適的在山光水色中吟唱著古老的歌謠。而各種隆重繁複的婚禮儀式中，見證著一首首來自山林間的愛情史詩，也展現出與漢人截然不同的民情風俗。

阿美族： 早期阿美族是母系社會，未婚少女遇上心儀的男子會主動示好，在豐年祭的第一天晚上，送一顆加了白灰、荖葉的檳榔給男子。不管男子對女孩是否有好感，一定要收下來，如果男子也喜歡對方，會立即嚼食檳榔表明心意；如果不喜歡的話，則收下檳榔卻不嚼。

　　當兩人論及婚嫁時，男方會隨女子回家，向女方母親表達求婚之意，然後由女方母親請媒人到男方家求婚。男家允婚後，女子即擇日盛裝到男家「服役」一個月，就是女子大清早要到男方家挑水、掃地、樁米，到了中午再返回家裡，直到下午再去工作。

　　商定婚期後，女方家忙著釀酒、製糕、購備新娘服飾及送給新郎的服飾，男方家則要準備新郎衣飾、布疋、番刀、刺槍、弓矢等。成婚之日，新郎在黎明時將衣物送到女家，而新郎友人則是大聲通知大家：「某某人今日入贅了」。婚禮當天，男方舅父向新郎訓話：「你今日入此家，需勤勉工作，尊敬舅父、孝順岳父母，不可怠惰。」之後眾人會跳舞助興。翌日清晨，新郎新娘返回男家，邀集同氏族成員在家飲酒，以及邀請友伴去捕魚。當晚，兩人再同返女方家，此後入贅女家，生下來的孩子則隨妻姓，除非自己家有事才可回去，否則必須一直守在妻家；若是不聽話或是不守本分的話，可是會被妻子一腳給踢出家門！

泰雅族： 泰雅社會嚴禁未婚男女私下交往，如果未婚男女發生婚前性行為，當事人家人必須殺豬祭肉分送族人，作為謝罪。婚姻制度方面採一夫一妻的嫁娶婚，並嚴禁近親通婚。若有違者不但親族之間互不往來，還可能被族人驅逐出境；男女婚配的對象全憑父母做主，做子女的不能有意見，只能服從。

　　泰雅族人的求婚過程，是由男方主動請媒人向女家提親，媒人受託之後，會先做鳥占以卜凶吉，如果占卜的結果是吉兆，才會帶酒到女方家提親。女方第一次一定要婉拒，等媒人再三提出後才能答應。通常起初幾次的求婚不會有什麼結果，不過媒人在離去前，會與女方家的男主人互相敬煙，約定時間再議，如果女方父母拒絕再議，就表示拒婚；如果女家表示同意，則會接受媒人帶來的酒，並與媒人一起痛快暢飲。

　　泰雅族認為婚姻是神聖的，絕不容許任意離婚，若有

婦女紅杏出牆，丈夫會在眾人默許下殺掉妻子，即便是部落頭目，若與親戚婦女私通，族人也不會放過。《台灣省通志》裡就曾記載霧社一婦人行為淫穢，被人裝入藤籠投入濁水溪激流中；北投一名頭目之妹，訂婚後仍與其他男人及平地人多方私通，被族人撲殺後投入大安溪。可見他們對婚外性行為，有多麼深惡痛絕。

賽夏族：賽夏族男子看上了女子，會請家族長輩到女方家求婚。女方若同意，會與男方互換煙斗，完成訂婚儀式。這時男方會釀酒邀請女方及近親到家中飲宴，新郎會送一件珠裙給新娘，並且送女方的兄弟蕃刀一把，作為聘禮。不過，也有賽夏族人在訂婚時選定一株松杉或甘蔗培植，甘蔗代表茂盛，屬吉祥之物，松樹則代表長壽，規定不准砍伐，以表示彼此認定、堅定不移。

訂婚兩、三年之後，夫妻才正式完婚。結婚當天，新娘至夫家歇息片刻後，開始進行大掃除以及汲水煮飯等家常工作；翌日，男方父母及親屬一起偕新婚夫婦帶著糯米糕、酒、豬肉、蒸等禮品到女方家，這時，新婚夫婦要留在岳家，直到祖靈祭後再返回夫家。祭儀之後，新郎父親會將一塊祭祖的糯米糕送給新娘吃，表示她已正式加入男方家族，這時婚禮才算大功告成。

鄒族：鄒族社會嚴守一夫一妻制，結婚之後，女婿會到岳家工作一段時期，一到六年不等，作為聘金的一部分。由於住在岳家處處受制於人，新婚夫婦想溫存一下都很難，所以據說小夫妻常藉上山工作的機會，偷溜到附近的洞穴燕好一番。

鄒族的婚禮很簡單。男女兩家事先會釀酒製糕，由男家親友帶酒到女方與父母共飲，再帶新娘回家。這時新人會坐在爐邊，由媒人坐在新人中間，拿少許的糯米飯，先餵兩人數粒以示共食，然後說：「你們兩人自今結為夫婦，宜互愛互助，體念兩家父母苦心，永偕白首！」隨後舉行酒會，部落族人都會來共襄盛舉祝賀新人。

邵族：邵族只有七大氏族，所以有同氏族不得結婚的嚴格規定，若是有同氏族男女相互愛慕私定終生，頭目會執行部落律法，處以嚴刑或是逐出部落。因此，後來邵族男子跟附近布農族婦女結婚的很多。

在婚禮方面，男子會託媒人到女方家提親，女方若是允諾的話，男方會準備酒慶祝。訂婚時，男家送至女家酒三罈、豬腿；到了迎娶時，則送酒四罈、豬半隻、錢、柴刀及斧頭，雙方家族的年輕人還會進行「打架」的儀式，新娘再由新郎揹到男方家。

布農族：以男性為中心的布農族社會，婚姻必需由雙方家長決定才算數，沒有訂婚的儀式，只要雙方家長都同意，就算是訂婚了。

婚姻制度以一夫一妻的聘禮婚為主，服役婚（新郎婚後要到女方家工作）為輔。他們有嚴格的禁婚範圍，只要是同姓者、姑舅姨表親絕不能結親，因為他們相信如此會

絕子絕孫、當事人短命死亡、整個氏族都可能衰亡。雙方在談論婚嫁時，若有親屬橫死，必須要隔一個月才能舉行婚禮。當男方到女方家議婚或成親時，如果看到Hashas（一種全身黑色的鳥）從右方飛到左方的時候，則必須取消議婚的行程。

婚禮前一天，新郎父親、伯叔父及同族的親戚會帶著一頭豬、幾桶酒、以及紅黑布數疋，在媒人陪同下到女方家迎親，當晚在女方家徹夜飲酒，第二天早上再由新娘父親及親戚隨同男方迎親者一同送親到男家，由男家招待飲宴。當晚新人並不同床。第三天早上，女方父親及親屬帶著女兒女婿再返回女家，與女方族人繼續飲宴一日，直到這天晚上，新郎新娘才可在女家同床共枕。

早年布農族還有「搶婚」的習俗，即不管女方同不同意，男方硬把女子搶回家，之後男方才到女方家談論迎娶細節，擇日下聘，正式迎娶。不過如此野蠻的習俗，早已隨著時代的進步而消失匿跡。

排灣族：排灣族以嘹亮的歌聲來表達情感，以生動的舞蹈來傾訴愛意，十分地羅曼蒂克。訂婚儀式也很有情調，女方家會釀酒，並在庭前準備鞦韆，男子陪同媒人帶著酒餅到女家，這時女子坐在鞦韆上任由男子推她，讓鞦韆擺盪。客人到齊後開始酒宴，眾女子牽手圍成一圈，與眾男子在中央一起唱歌跳舞。媒人眼見男女雙方情投意合，便與女方父母商定聘禮事宜，由女家逐項點查，然後開始準備「巴布要」（婚禮），這是除了豐年祭外最盛大的活動。所有族人身穿傳統服飾，跳著迎賓舞「若馬樣」、「日嘛依樣」等，隨後圍成圓圈，以長茅刺求王求，表示習俗的傳承。然後是新人的福證儀式，兩人共飲「交杯酒」，象徵今後將一起相互扶持，同甘共苦。婚禮沒有結束前新郎新娘不能有親密舉動。伴郎及伴娘要協助新郎新娘進行「什莫乏累」的儀式，新娘小心謹慎地爬上新郎背上，身體不能碰觸到新郎身體，最後新郎得揹著新娘繞場一周，證明自己有能力保護新娘。

在某些排灣族部落，還保留「落跑新娘」的習俗，就在眾人載歌載舞、歡宴慶賀婚禮的同時，新娘會逃到山中藏起來徹夜不歸，讓新郎到處找。等到新郎見到新娘想吻她時，新娘又會逃到親友家或深山裡面，再等新郎來找到她，然後由新郎好友背新娘回家。這時新娘要大聲哭泣並不停地掙扎，表示從此與婚前來往的男人一刀兩斷。如此來回反覆三天，直到第四天晚上，新娘才會不再「假仙」，同意與新郎同床共枕，兩人方真正結為夫妻。

魯凱族：魯凱族與排灣族屬階級社會，有貴族與平民之分，在婚嫁方面講究門當戶對，藉著聯姻的關係，擴展的領地與權力。

舉行訂婚時，參加族人都要盛裝打扮，由男方帶著聘禮到女方家下聘，禮物愈多就表示男方家愈富裕，如果男女雙方都是頭目家族，對聘禮的要求就會更高，女方族人甚至還可以半路攔截下聘隊伍，要求查看聘禮是否合意，查看後若女方長老點頭表示滿意，才可將聘禮搬到女方家。來到女方家後，女方可以再次審查聘禮，如果族中長輩不滿意，這個婚可能就訂不成了。只要接受，就表示同意這門婚事，開始設宴招待親友，大家一起唱歌跳舞、祝福新人。最後在新娘子盪鞦韆的歡呼聲中，圓滿結束整個訂婚儀式。根據習俗，如果新娘子的鞦韆盪得愈高，則表示將來生活愈幸福美滿。

卑南族：青年男女會在部落舉辦的舞會裡表示愛慕之意。男子以頭巾和檳榔袋送與女子作為定情之物，如果女子接受，男子會採薪柴送到女方家，女子則會主動到男方家幫男子母親工作，再由男方向女方求婚。

　　母系社會的卑南族是採招贅婚。男方必須準備聘禮，包括了牛、土地、檳榔、牛車、鐵犁、鐵鍋；女方答禮則是糕餅和酒。晚上新郎會站在新娘家門口，由新娘母親開門讓女婿入院，並在院子中央放一串檳榔給他吃，將房門緊閉，直至五更雞鳴才打開內門，讓女婿進屋與新娘同床。到了黎明時分，男子起身回到青年集會所，直到第二天半夜，再回妻子房中。如此經過幾個月，直到新娘

懷孕了，新郎才可以正式入贅。

達悟族：達悟族對適婚年齡並沒有嚴格的限制。只要少男參加漁船組，可以單獨駕小船出海捕魚，或是女子能種水芋及織布，便表示可以結婚了。未婚男女的交往很自由，如果男子愛上了女子，會送給對方一顆琉璃珠作為定情之物；求婚時則會再送給女方明珠一串、檳榔一盒，女子若是接受，就算是訂婚了。之後，男方會帶著一串飾珠、一束檳榔請託姻親前往求婚，如果女家接受了，就表示可以準備結婚。

　　迎娶程序是從迎親、婚宴到試耕。結婚當天，男方親屬帶著水芋、檳榔、珠飾等禮物陪同新郎到女方家迎親，女方家也以檳榔、水芋、飛魚乾招待來客，然後接新娘到男方家舉行婚禮，殺豬大宴賓客。這隻豬必須半隻送給女家，所以宴客的豬只有半隻。翌日清晨，新郎母親帶著媳婦到水芋田裡耕作，巡視自己的水芋田；第三天，父母親會讓小夫婦到海濱拾貝殼，然後用火來烤，從貝殼的裂痕判斷婚事的吉凶，如果其中一人撿不到任何貝殼的話，男方則可以宣布取消婚約。

童養媳

有一種女孩，被稱為「童養媳」，或是「媳婦仔」。打從被抱養的那一刻起，她們的命運就成了一件買賣，而她們的婚姻更是一樁交易，即使遭人凌虐踐踏，無從也無處訴苦。

中國自古便有重男輕女的觀念，所以早在戰國時期就存有「溺女」的惡習，到了清代更為嚴重，所謂「產男則相賀、產女則殺之」。根據推測，會有「溺女」習俗的原因有三，一是因為家貧，養不起女孩，二是怕日後要負擔龐大的嫁妝費用，三是盼子心切，怕撫育女嬰會耽誤再懷孕的時機。曾有論者指出，童養媳固然造成不少女子的不幸，但在男尊女卑的社會裡，鼓勵蓄養童養媳反而扼止了「溺女」的惡習，提高了女嬰的存活率。但從她們傷痕累累的身體與心靈來看，這個制度對僥倖存活下來的女孩來說，究竟是幸還是不幸？

黑白的童年：蓄童養媳的風氣始至宋朝。她們通常來自貧窮的農村家庭，因家境貧困食指繁浩，父母便把女孩子過繼、或賣給需要勞力或家中有兒子的人家，一方面可以幫忙做家事，二方面也可留待日後作媳婦，以省去成婚時聘金的支出。由於童養媳的身價往往是以女孩年紀來計算，交易過程還會有契字、約書的規定，因此童養媳可說是「買賣婚姻」的產物。昔日人們認為，如果媳婦從小就在婆家長大，會比較熟悉婆家的習慣，容易與家人和睦相處，所以蓄童養媳的風氣非常興盛。童養媳若是在幼年就被別人抱養時，養家會與童養媳生家立契字約書，一般民間常是以口頭承諾。如果童養媳在婚前，未來丈夫便不幸死亡，未來的婚配對象或是去留，必須由養家決定。但通常養家會禮貌性地徵詢生家的意見。雖然童養媳是以「媳

婦」的身分在養家長大，但卻與明媒正娶進門的媳婦有著天壤之別。她們從小就是養家的「小女傭」，必須包辦家裡大小粗細活，長大後還得擔負傳宗接代、招弟、哭喪的義務。此外，養家婆婆對她們可以行使絕對的「管教權」，所以被的惡婆婆虐待或是變賣為娼的情況更是屢見不鮮。面對養家無情的對待，童養媳只能暗自翻騰著淚水；對於愛情，她們不曾做夢，更沒有幻想，因為困苦的身世，讓她們打從一出生就已被決定了她們的一生，只為了成就一段只有勞動與付出、沒有任何感情作基礎的婚姻關係。

清代官方檔案裡，收錄了不少童養婚的訴訟案件，因為她們究竟是被「收養」或是「成婚」的關係並不易分辨，因此很容易造成生家和養家的糾葛。不過，大部分

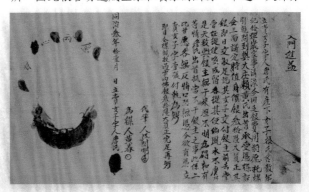

貧困的生家並不願背負「歹外家」的罪名，所以被別人抱走的那一刻起，便不再過問女兒生活，甚至要等到女兒成婚的前幾天，才能再見上一面，有些則再也無法得知女兒下落。他們原本對女兒的未來可能還捧著一個美滿幸福的夢，沒想到那樣的夢，最後卻可能會碎得不可收拾。

養女淚： 過去民間有所謂的「養女神」，據說若是膜拜養女神，童養媳在婆家的日子會比較好過。其中一位養女神是光緒年間臺南一戶人家的養女陳秀桃，她從小受盡養父母的虐待，養父又因欠下龐大賭債，將陳秀桃賣入妓院，後來不堪侮辱的陳秀桃投河自盡，並將魂魄附身在一位即將過門的蘇家新娘身上。後來新娘的夫家請來東港王爺，將陳秀桃的靈魂顯身，並為她立廟，從此陳秀桃才不再附身。另外還有乾隆年間高雄燕巢鄉，因拒絕被與養家的癱腿兒子送作堆，便向湖裡一躍而盡的阿秀。至於最有名的養女神，則要算是康熙年間嘉義的「關三姑」，她因為排行第三所以稱為三姑。她在父母過世後遭到兩位嫂嫂惡毒的虐待，被活活打死埋在豬槽底下，據說死不瞑目的三姑向官府告狀後才得以申冤。從此她的魂魄開始遊蕩人間，還常顯靈為人解惑。後來民間有一種稱為「關三姑」的巫術，以一把小竹椅代表三姑，在問卜的時候抬椅子的人依著椅子的搖動，作為三姑的回答，如今已不多見。

童養媳從小就必須用勞力來換取生活所需，但無論她們再怎麼樣勞動、再怎麼樣努力，終其一生恐怕也換不到平等的社會與家庭地位。沒有娘家與法律保護的童養媳，她們的未來可能會成為媳婦、婢女、娼妓，她們的人生可能會被凌虐致死、甚至慘遭亂倫姦淫，悲情無奈地終老到死……，她們一生的愛情大多乏善可陳，留給人間的只是無比的哀傷與無奈。

保護養女運動

1951年7月24日，臺灣省政府為了拯救遭到虐待或是被多手買賣的養女，成立了「保護養女運動委員會」，推行「養女保護運動」。結合政府及婦女會的力量，讓受虐養女回到原來家庭，除了訓練培養一技之長，還協助她們找到美滿歸宿。昔日孤苦無依的養女，終於有了翻轉自己命運的機會！

50年代的「養女保護運動」，主要是由國民黨婦女工作會負責，雖名之為「婦女運動」，其實較接近黨國系統的「婦女工作」。這個由上而下、由國家成立組織進行的工作，並沒有基層力量的參與。「保護養女會」為了協助養女爭取戀愛和婚姻的自由，還會主動仲介養女與兩袖清風的軍人成婚，為新人舉行「養女集團結婚」，一來「門當戶對」，二來也抒解了大量撤退來台國軍找不對結婚對象的困境。

招贅婚

台灣俗諺說：「有一碗飯可食，也不肯被人招」，意思是大男人只要有一口飯吃，也不願當人家的贅婿。入贅，真的有這麼丟臉嗎？

能屈能伸： 入贅向來都是不怎麼光榮的事，一般人認為只有沒錢、沒地、沒房產的無用男人，才會自甘墮落被招進門。不但在家裡任憑妻家擺布，毫無地位尊嚴可言，出門也會招到鄰里戲弄，臉上無光。因此招贅婚只流行於下層百姓之間，稍有家產的人家，多半不願意招婿或被招。但還是有部分士紳家庭，因家中無男丁又愛女心切而招婿入贅，但這種女婿既可住在妻家，也可隨時將妻子帶回自家，沒有入贅契約，也不牽涉贅婿的身分問題，是非常幸運的贅婿。俗話說「給人招，三日兩副豬腰，出門無馬也有轎」，就是形容入贅者的日子有多麼稱頭。

雖說贅婿需負擔支撐家族的重責大任，但按照傳統宗法制度，仍不能繼承家業。這對入贅的男人來說，著實有欠公平。

所謂「上有政策，下有對策」，為了應付法律問題，民間出現「贅婿進門改從妻姓」的習俗，讓贅婿藉由更改姓氏成為同宗，名正言順成為家族的一份子，順理成章承祀繼產。然而讓贅婿更姓，卻產生不少問題，除了血緣難以分辨親疏遠近，又因

⬅ 古時貧苦的男子入贅於妻家，是普遍的婚姻現像。

夫妻同姓成了「同姓結婚」，既違背傳統的倫理，也觸犯大清律法。因此有人將贅婿的其中一子改為妻姓加以變通，也有家族不願律法規定，逕自將贅婿與後代納入家譜，可見一般人的態度已逐漸趨於接納贅婿了。

婿在屋簷下： 仍有人對贅婿抱以歧視的態度，甚至還在家規中言明「禁止招婿上門」！若入贅後妻子先死去，就等同婚姻關係不存在，只能摸摸鼻子離開入贅的家族。

以下這份清代的招贅契字，可清楚看出人們對招贅婚及贅婿的看法：

「合立婚約招贅字人文社洪獅、葉立，茲因單生一子，名曰和木，年當二十六歲，現已及冠，未經婚娶，適有本社葉立之孫女，名曰僅涼，因時尚幼，而父不幸身故，後為妻再招贅媽官鄉吳欄為夫婦，幸得一入葉門，亦弄璋二位，兼撫養此女長大，經既及笄，未曾配偶，爰是托媒求配，兩相許諾，願將木與僅涼招贅而入葉門。如若弄璋喜慶，長胎必立葉家之祖祀，恐木夫妻反意，必候此子長成，而木並僅涼夫妻能得搬回；如若在葉門奉養欄，並近涼夫婦養生送老，隨木夫妻是何年月搬回，聽其自便。此唯古人之世風，誠哉是言也。擇吉良日進門，螽斯衍慶，永昌厥後，二姓甘願定約，此後並無異言生端。口恐無憑，今欲有憑，合立招贅字一樣貳紙，各執一紙，付執永遠存炤。」

贅婿的一生，意味的不一定是幸或不幸，也反映了一個時代的野蠻，可見在宗法社會的制約與壓力下，受害的又豈止是女人而已？

冥婚與暗娶

在不同的婚姻關係中，可能包含了各種幸與不幸的愛，有些則是為了弔念一個眾人念念不忘的靈魂。這種婚姻，可能是「冥婚」，也可能是「暗娶」。

冥婚： 冥婚緣起於漢代，也就是活人與神主牌舉行結婚儀式。通常舉行冥婚有兩種情形：一種是有婚約的女方因故去世，男方基於道義將女方神主牌迎娶回家，正式承認女方的娘家為岳家，而岳家也會依照儀式準備嫁妝給男方。另一種是有婚約的男方因故去世，女方基於「烈女不事二夫」，自願嫁給死亡的未婚夫，男方家會以男方神主牌來迎娶女方，然後到墓地拜見「鬼夫」。

台灣自清代便有冥婚的習俗，多半是父母擔心尚未成親即過世的兒女在陰間過於孤單，希望能替兒女的亡靈娶進或嫁出，使他們也能有終生伴侶。不過，為已故男女擇偶非常困難，因此通常家屬會誘之以利，以豐厚的金錢或嫁妝吸引貧困男女同意結親。

以未嫁即過世的女子來說，通常是因為女兒託夢表達希望能覓得一歸宿，家人便用紅紙寫下亡女的庚帖，用紅包袋裝著放在路邊，有的還會多放一筆錢藉以引誘人來撿拾。如果這時有年輕男人撿起來，躲在路邊的亡女兄弟便會迎上前去，大喊「姐夫！」。一般人通常不會、也不敢拒絕，便任由女方家屬安排準備迎娶鬼新娘。冥婚的儀式與一般婚禮差不多，也有小訂、大訂、迎娶、婚宴、歸寧等過程，只是所有儀式都簡化了。而且迎娶時間多半是在凌晨三、四點或是傍晚六、七點左右，也為「活人娶鬼」增添了一絲陰森的氣氛。有些人迷信娶鬼妻能帶來好運，還曾出現「鬼媒婆」這門行業，專門替亡女拉紅線。鬼媒婆會主動打探消息，代男方向亡女家提親。由於男方已有

萬全的心理準備，因此據說撮合的成功率頗高。

暗娶： 「暗娶」多半為以下幾種情形：死者在生前已為兒子訂親，但兒子成婚前突然去世、或是父母死亡三年內不得結婚，若要成婚就得在父母出殯或百日內舉行，也可多一個媳婦來送喪。若未婚夫妻暫時不打算結婚，也可採行「借送山」，讓已訂親的女孩以媳婦身分參加男方父母喪禮，全程披麻帶孝，以表示認同對方為婆家。

通常暗娶的過程如下：長輩出殯的那一天，媒人到女家讓新娘穿上紅衣，坐上轎子前往男家弔唁送喪。送喪結束，媒人陪同新娘進入男方家大廳，大廳門口放置一個竹編的橄壺以及一把小竹椅，橄壺表示團圓，竹則代表子孫興旺如同麻竹旺盛。新娘站上竹椅，臉朝大廳，媒人代新娘向廳內死者講話：「某某人（死者名）！新娘某某今天來探望你了，不知你的病體好了沒有？」這時廳內人就會替死者答：「病已經好了！」新娘步下竹椅，走回客廳，這就是「探生」；不久，新娘又再度回大廳，站上竹椅，媒人問：「某某人！新娘某某又來探望你了，不知你好了沒有？」廳內人會代死者回答道：「某某人已經做神去了！」這時媒人再說：「某某人！你既然已經做神了，就要好好保佑這位新娘，還要保佑你的子孫興旺！」這個儀式稱之為「探死」。接著，媒人陪新娘進入大廳，在新娘紅衣服上加上一件麻衣孝服，便算是完成暗娶的儀式。

附錄：台灣愛情小筆記

1623
- 鄭芝龍與日本女子田川氏結婚。

1624
- 荷蘭人在台展開殖民統治。
- 7‧14 鄭芝龍之妻田川氏於平戶海濱產下鄭成功。

1662
- 荷蘭人戰敗，鄭氏王朝誕生。出生在台灣、在荷蘭沒有親人的少女留在台灣，成了鄭成功部隊官兵、渡海來台漢人商賈妻妾。

1625
- 荷蘭教士甘治士來台傳教，鼓勵教士與平埔女性通婚。

1626
- 西班牙人登台，可能曾與本地女子通婚。

1683
- 清廷首次頒布「渡海禁令」，禁止國民攜眷來台；此後百餘年，禁令開開禁禁多次。

1711
- 粵人張達京來台，其作為使他後成為岸裡社頭目的「番仔駙馬」。

1721
- 朱一貴之亂，引發日後閩、客數百年衝突。

1737
- 清廷頒布「戶律婚姻嫁娶違律主謀人罪附例」，規定漢人絕對不可以與「番人」結親。

1872
- 加拿大長老教會派馬偕（George Lesile Mackay）至台灣負責北部的傳教工作。

1875
- 清廷撤除漢番禁婚令。
- 清廷招來大批廣東、汕頭客家人開墾台灣後山，造成東部大量的客原通婚。
- 清廷將渡海禁令完全解除，台灣男女人口比例至此終於漸趨平衡。

1876
- 清廷頒布「戶律婚姻嫁娶主謀人罪附例」，規定漢番不得結親。

1878
- 5‧27 馬偕博士與張聰明結婚。

1906
- 首次出現女性主動訴請離婚的案例。

1914
- 謝雪紅被騙為妾，展開一生坎坷的感情生活。

1915
- 1‧1 翁俊明與富紳吳筱霞的女兒吳湘蘋，舉行台灣首創的文明婚禮。

1924
- 台灣第一位女醫師蔡阿信，與台灣第一位社會主義者彭華英結婚。
- 謝春木發表台灣第一首新詩〈戀愛將茁壯〉。

1926
- 3‧31 醫師韓石泉與莊綉鸞舉行新式婚禮。

1927
- 「台灣民眾黨」成立，黨綱中規定反對人身買賣，廢止聘金制度，提倡婚姻自由，主張一夫一妻制。

1929
- 社會運動家楊逵與葉陶決定結婚，卻在結婚前一天被捕入獄。

1930
- 10‧7 一場原住民婚禮為導火線，引發霧社事件。

1932
- 第一首閩南語流行歌曲＜桃花泣血記＞問世。
- 作家鍾理和與鍾台妹相識、相戀。

1934
- 社福之父施乾與日籍女子清水照子結婚。

1937
- 蔣渭水養女蔣碧玉與鍾浩東於台北帝大醫院結識。

1940
- 于凌波與鄧明香舉行台灣第一場佛化婚禮。
- 鍾理和與鍾台妹私奔中國東北。
- 蔣碧玉與鍾浩東兩人訂婚，共赴中國大陸。

1945
- 民法親屬編正式在台施行。
- 國民政府正式刪除「無因棄妻」、「七出棄妻」等不合時宜的法令。

1946
- 台北市舉行第一屆集團結婚。

1947
- 台灣第一屆軍人集團結婚。
- 行政院公署教育局通令各學校，鼓勵學生觀看上海電影「一江春水向東流」這部老套的愛情片，因被指劇情影射蔣介石，於是又急急決議禁止學生觀看。
- 二二八事件爆發，許多菁英一夜失蹤，留下手足無措的家人及愛人。
- 李臨秋發表〈望你早歸〉，道盡等待丈夫的女性心聲。
- 謝雪紅與愛人同志楊克煌流亡中國。

1950
- 郭琇琮因政治案件被處死刑，留下愛妻林至潔。
- 台灣第一場火車婚禮與跳傘婚禮。

1951
- 台灣省政府成立保護養女運動委員會。

1952
- 立委梅仲協為公開再娶的「寶島夫人」請命。

1954
- 開始出現外省榮民迎娶原住民女子的風潮。

1955
- 第一部閩南語愛情片「六才子西廂記」問世。
- 窮軍人朱西甯與醫生之女劉慕沙私奔結婚。

1960
- 影星江茵與陳蒙舉行酒會式節約婚禮。

1962
- 郭良蕙發表《心鎖》，隔年被禁。

1963
- 國語愛情片「梁山伯與祝英台」造成轟動，賺進不少女性觀眾的眼淚。
- 瓊瑤處女作《窗外》問世。

1964
- 綠島百合蘇素霞與政治犯曾國英相戀未果，與劉軍官結婚，卻在婚後服毒自殺。

1965
- 政治犯許金玉、辜金良結婚。
- 「四大公子」之一的連戰與「中國小姐」方瑀結婚。

1970
- 花蓮掀起泰雅女子嫁外省老兵的熱潮。
- 影星柯俊雄與張美瑤結婚，轟動影壇。

1971
- 留美學人呂秀蓮推廣「新女性主義」。
- 政治犯許月里、周合源結婚。

1975
- 2‧20 陳水扁與吳淑珍公證結婚。

1976
- 三毛首部作品《撒哈拉的故事》出版，掀起一陣流浪的風潮。
- 呂秀蓮完成「家庭主婦現況」問卷調查。

1977
- 白先勇首部小說《孽子》連載於〈現代文學〉，掀開同志神秘面紗。

1978
- 政治犯施明德與外籍人權運動者艾琳達結婚。

1979
- 中美斷交，北市集團結婚現場發起愛國獻金活動。

1980
- 言情小說大舉攻佔女性市場。

1982
- 《婦女新知》雜誌創刊。

1984
- 「拉一把協會」成立。

1986
- 第一部以男同志為主題、改編自白先勇同名小說的電影《孽子》上映。
- 祁家威與同性伴侶到法院結婚被拒，向立法院請願，立院答覆：「同性戀者為少數之變態，純為滿足情慾者，違背社會善良風俗。」

1987
- 南部鄉村開始出現「外籍新娘」。

1988
- 「拉一把協會」正式轉型為「晚晴婦女協會」。

1989
- 施寄青《走過婚姻》出版。
- 台灣離婚率開始「起飛」。
- 自由鬥士鄭南榕自焚，愛妻葉菊蘭堅強完成丈夫遺志。

1990
- 2‧23 第一個女同志團體「我們之間」成立。

1991
- 十三行文化遺址發現首具俯身葬女性，研判應為外族的婦女。
- 流浪作家三毛自殺身亡，引起書迷唏噓不已。

1993
- 政府首度開放大陸配偶來台定居。

1994
- 何春蕤《豪爽女人》問世。
- 第一本女同志刊物《女朋友》出版。
- 婦女新知、晚晴協會等婦運團體完成「民法親屬編修正草案」。
- 法務部提出三階段的修法計畫，逐一檢視民法中諸多過時的條文。

- 洋女婿何瑞元組成「外籍配偶人權促進會」為在台外籍配偶爭取權益。

1995
- 施明德與艾琳達離婚。

1996
- 5‧5 第一個同志教會「同光同志長老教會」成立。
- 11‧10 許佑生與何葛芮舉辦台灣第一場公開同志婚禮。

1999
- 5‧14 第一個公開懸掛彩虹旗的同志空間「晶晶書庫」在台北公館開幕。
- 「入出國及移民法」三讀通過，首度賦予特定外籍人士與外籍配偶永久居留權。

2000
- 大陸來台探親居留期間放寬為一年，並改「探親」為「團聚」。
- 內政部統計調查，全台未婚者高達34%。
- 呂秀蓮成為台灣史上首位女性副元首。

2001
- 7‧26 法務部草擬「人權保障基本法」草案，將同性戀婚姻權及收養子女權列入其中。

2002
- 3‧8 兩性工作平等法正式實施。
- 漢娜與湯姆結婚，成為台灣第一對踏上紅毯的女同志夫妻。

2004
- 同志夫妻漢娜與湯姆兩人以離婚畫下句點。
- 高齡八十二歲的知名物理專家楊振寧與二十八歲的研究生翁帆結婚，引起一陣嘩然。
- 9‧21 內政部修正婚姻制度，將現行的「儀式婚」改為「登記婚」。

感謝、圖片提供及參考資料

感謝

本書製作期間，感謝以下人士及單位熱心提供照片及文史資料，才能順利完成，在此獻上最誠心的謝意。(按姓氏筆劃排列)

丁禎祥、丁一文、朱天文、朱麗玉、何春蕤、何瑞元、何家揚
呂芳雄、李昭蓉、李旭寧、李如恩、阮美姝、林至潔、林鴻昭
林玉珠、周靜琪、周須慧、紀月霞、郎亞玲、高昭益、高俊明
翁炳榮、許月里、許佑生、康　原、郭麗娟、郭珍弟、郭良蕙
陳俊明、陳明珠、陳芳明、陳其壽、黃圳鴻、張倩文、張瑞和
楊　翠、賈立宇、鄭鴻翔、鄭火木、蔣朝根、鍾佐民、鍾鐵民
簡偉斯、謝英從、謝明賢、顏于青、韓良俊、薛惠玲、蘇英姐
蘇陳登美、龔宣任、Linda Gail Arrigo艾琳達

二二八紀念館、二二八基金會、日日春關懷互助協會、中央圖書館台灣分館、牛糞紀念館愛情文化基金會、台北市婦女救援基金會、台北市民政局、台北縣立大豐國小、台北縣立雙城國小、阮朝日228紀念館、杜聰明獎學基金會、東森慈善基金會、明台高中林芳瑛董事長、怡人傳播、軍人之友社高雄市軍人服務站、花蓮縣黃憲東議員服務處、財團法人新台灣研究文教基金會、財團法人私立愛愛院、高雄市民政局、國家台灣文學館、鹿港民俗文物館、晶晶書庫、勞動黨、晚晴婦女協會、新台灣研究基金會、賴和紀念館、Option改裝車訊、PS綠島、林老師

圖片提供

丁禎祥—P.45(右中)、46(上)、P.138(下)、P.151(上、中)。
丁一文—P.99(左)、P.102、P.107、P.123、P.135(左)。
朱天文—P.105、106。
朱麗玉—P.75(中)。
何瑞元—P.122(下)。
呂芳雄—P.75(上、下)、76(左)。
林至潔—P.110(右)、111(左)。
林鴻昭—P.139(右)、P.150(右下)、P.159(右下)。
林玉珠—P.139(左上)。

紀月霞—P.146(右上)、147(左)。
高昭益—P.42(下)。
翁炳榮—P.88(右)、89。
許月里—P.58(上)、80(下)。
許佑生—P.118(左下)。
郭良蕙—P.135(右上)。
陳俊明—P.142(右下)、P.155(下)、P.157(右下)。
陳明珠—P.98、P.148。
陳芳明—P.66(右)、67、68。
陳其壽—P.99(右)、100(下)、P.113。
黃圳鴻—P.147(右下)。
張倩文—P.126(左)。
楊　翠—P.77、78(上、中)、P.87(右)。
賈立宇—P.137。
鄭鴻翔—P.140。
鄭火木—P.92(左)。
蔣朝根—P.65(下)、P.73、74。
鍾佐民—P.79(下)。
鍾鐵民—P.69、70、71、72、P.79(右)、80(左)。
謝明賢—P.142(左下)。
顏于青—P.108(下)。
韓良俊—P.90、91。
蘇陳登美—P.111(右下)。
龔宣任—P.142(上)。
日日春關懷互助協會—P.115(上)。
中央圖書館台灣分館—P.15、16(下)、P.18(上)、P.124(上)、P.155(上)。
牛糞紀念館愛情文化基金會—P.46(下)。
台北市婦女救援基金會—P.95(上、中)。
台北縣雙城國小—P.119、120、121(上、中)。
阮朝日二二八紀念館—P.109、110(左下)。
杜聰明獎學基金會—P.63(右)、64(上)。
東森慈善基金會—P.121(下)、122(左)。
明台高中林芳瑛董事長—P.44(上)、45(上)。

怡人傳播 — P.135(右下)。
軍人之友社高雄市軍人服務站 — P.141(下)。
花蓮縣黃憲東議員服務處 — P.101。
財團法人新台灣研究文教基金會 — P.112。
財團法人私立愛愛院 — P.56(右)、57(下)、58(下)。
高雄市政府民政局 — P.141(上)。
國家台灣文學館 —P.85(右)、P.124(上)、P.136(下)。
晶晶書庫 — P.116(左)、P.117、P.118(右下)。
晚晴婦女協會—P.125(下)。
賴和紀念館—P.86(上)、P.88(左)。
Option改裝車訊 — P.139(下)。

參考資料

專書(按姓氏筆劃排列)：

- 王　灝，《婚嫁的故事》，臺原，臺北市，1998。
- 中村勝、洪金珠，《山深情遙》，時報，臺北市1997。
- 古瑞雲（周明），《台中的風雷》，人間，臺北市，1990。
- 李　文，《縱橫五十年—呂秀蓮前傳》，時報，臺北市，1996。
- 李筱峰、莊天賜（編），《快讀台灣歷史人物》Ⅰ、Ⅱ，玉山社，2004。
- 邱貴芬（編），《日據以來台灣女作家小說選讀》（上）、（下），女書店，2001。
- 邱旭伶，《台灣藝妲風華》，玉山社，1999。
- 阮美姝，《幽暗角落的泣聲》，前衛，1992。《孤寂煎熬六十年》，前衛，1992。
- 林芳玫，《解讀瓊瑤愛情王國》，時報，1994。
- 姚漢秋，《台灣婚俗古今談》，臺原，1991。
- 徐正光（編），《徘徊於族群與現實之間》，正中，1991。
- 徐宗懋，《台灣結婚相簿》，探索，1997。
- 翁倩玉、張君穀，《翁俊明傳》，中央日報，1990。

- 莊永明，《台灣第一》，文經社，1983。《台灣紀事》（上）（下），時報，1989。《世紀回味—時代光影》，遠流，2000。
- 陳芳明，《謝雪紅評傳》，前衛，1991。
- 郭松義，《倫理與生活—清代婚姻關係》，北京商務，2000。
- 郭麗娟，《台灣歌謠臉譜》，玉山社，2002。
- 湯錦台，《大航海時代的台灣》，果實，2001。《開啟台灣第一人鄭芝龍》，果實，2002。
- 漢　聲，《八里十三行史前文化》，漢聲，1991。
- 龍瑛宗，《龍瑛宗集》，前衛出版社，1991。
- 藍博洲，《尋訪被湮滅的台灣史與台灣人》，時報，1994。《台灣好女人》，聯合文學，2001。
- 韓石泉，《六十回憶》，韓石泉先生逝世三週年紀念專輯委員會，1956。

其它

- 台灣民俗文化研究室
  http://folk.taconet.com.tw/
- 平埔文化資訊網
  http://www.sinica.edu.tw/-pingpu
- 馬偕與牛津學堂
  http://www.au.edu.tw/ox_view/mackay/
- 鍾理和數位博物館
  http://cls.hs.yzu.edu.tw:88/ZHONGLIHE/home.asp
- 蘇世昌，〈追尋與回憶：張我軍及其作品研究〉，1998。
- 應鳳凰，〈鍾理和文學發展史及其後殖民論述〉，1998。
- 羅培毓，〈從法律觀點論台灣女性離婚決定之困境〉，2003。

國家圖書館出版品預行編目資料

福爾摩沙‧愛情書 / 陳昭如編著. --初版--
臺北市：柿子文化，2005〔民94〕
　　面；　　公分. --（Walking；3）
參考書目：面
ISBN 986-81319-0-1（平裝）

1. 婚姻（風俗）- 臺灣 2. 臺灣 - 人文
3. 臺灣 - 社會生活與風俗

673.24　　　　　　　　　94010430

WALKING .3 漫步台灣

福爾摩沙 ‧ 愛情書

編　　著　　陳昭如
攝　　影　　柿子攝影組
責任編輯　　黃如妏
美術設計　　林敏煌
總 編 輯　　林許文二

出　　版　　柿子文化事業有限公司
地　　址　　116台北市文山區公館街30之2號1樓
服務專線　　（02）89314903
傳　　真　　（02）29319207
郵撥帳號　　19822651柿子文化事業有限公司
E-mail　　service@persimmonbooks.com.tw
柿子文化網　http://www.persimmonbooks.com.tw

印　　刷　　中原造像股份有限公司
初版一刷　　2005年7月
定　　價　　新台幣380元
I S B N　　986-81319-0-1

歡迎走進柿子文化網http://www.persimmonbooks.com.tw
~ 柿子在秋天火紅 文化在書中成熟 ~